本溪 导游词汇编

杨晓华 李敬波 / 主编

经济管理出版社
ECONOMY & MANAGEMENT PUBLISHING HOUSE

图书在版编目（CIP）数据

本溪导游词汇编/杨晓华，李敬波主编．—北京：经济管理出版社，
2018.9

ISBN 978 - 7 - 5096 - 6009 - 6

Ⅰ.①本… Ⅱ.①杨… ②李… Ⅲ.①导游—解说词—汇编—本溪
Ⅳ.①K928.931.3

中国版本图书馆 CIP 数据核字（2018）第 208624 号

组稿编辑：魏晨红
责任编辑：魏晨红 曹 魏
责任印制：司东翔
责任校对：张晓燕

出版发行：经济管理出版社
　　　　　（北京市海淀区北蜂窝 8 号中雅大厦 A 座 11 层　100038）
网　　　址：www. E - mp. com. cn
电　　　话：（010）51915602
印　　　刷：北京市海淀区唐家岭福利印刷厂
经　　　销：新华书店
开　　　本：880mm×1230mm/32
印　　　张：7.5
字　　　数：201 千字
版　　　次：2018 年 9 月第 1 版　　2018 年 9 月第 1 次印刷
书　　　号：ISBN 978 - 7 - 5096 - 6009 - 6
定　　　价：42.00 元

编 委 会

目　录

第一篇　本溪及两县概况

第二篇　本溪市区旅游景点导游词

第三篇　本溪满族自治县旅游景点导游词

第四篇 桓仁满族自治县旅游景点导游词

第五篇 本溪物产

第一篇　本溪及两县概况

本溪概况

　　"本"为万物之根，"溪"乃四海之源。以诚实守信为"本"，本本分分做人；以脚踏实地为"溪"，一点一滴做事，此为本溪的城市精神。

　　本溪，原名"杯犀湖"。清雍正十二年（1734年），因"杯犀湖"名称过雅，又难以辨认，故雍正皇帝取谐音改称为"本溪湖"。清光绪二年（1876年）本溪地区始建桓仁县，光绪三十二年（1906年）置本溪县。1939年改设本溪湖市，1948年正式称为本溪市。

　　本溪位于辽宁省东部，北接沈阳，南连丹东，属北温带大陆性气候，四季分明、雨水充沛、气候宜人。"八山一水一分田"的天然地貌呈羽翼状分布，总面积8435平方公里，总人口170万，是一个拥有34个民族的多民族地区。本溪市下辖两县四区和一个省级经济开发区、一个国家级生物医药科技产业基地，是全国著名的工业基地城市，素有"工业粮仓"之称，是"中国优秀旅游城市""国家森林城市""国家园林城市"和"国家地质公园"，并享有"中国最美山水工业城"之美誉。

　　本溪自然资源丰富，生态环境保护良好。作为全国为数不多的"国家森林城市"，全市森林覆盖率达到74.5%。广袤的原始次生林、环城而建的生态风景林，使本溪形成了"外围森林环抱，内城绿树成荫"、结构合理、功能高效、景观优美的城市森林体系。在良好的生态环境支持下，本溪野生动植物资源丰富、种类繁多，尤其是中药材的品种及产量位居辽宁首位，境内盛产人参、辽细辛、鹿茸、五味子等著名药材。

作为远近闻名的钢铁故乡，本溪被誉为"国家地质博物馆"。目前，全市已发现铁、铜、锌、石膏、大理石等八大类矿产资源50余种，已探明铁矿石储量30亿吨以上、石灰石矿储量2.1亿吨、溶剂石灰（冶金）储量1.3亿吨，为历史悠久的特大型钢铁企业——本溪钢铁（集团）有限责任公司不断做大做强，奠定了坚实的基础。

作为老工业基地，本溪留给世人的回味与记忆绝不仅是深远的铁轨、轰鸣的机车、喷溅的铁花，或者是厚重的机床及高耸的塔吊林立。

本溪是古老的，在历史的涤荡和时光的冲刷下，这座城市让岁月的痕迹镌刻着文明的蜿蜒——庙后山古人类文化、马城石器青铜文化、燕太子河文化、高句丽文化、建州女真文化、满族文化……城市的灵魂在多彩的风俗和文化的积淀中应运而生。

本溪是秀美的，独特隽永的自然风光构成了本溪融"山、水、林、洞、泉"于一体的"燕东胜境"。从八宝云光洞的长眉大仙，到荆轲刺秦的燕太子；从染满蚩尤血的漫山枫叶，到高句丽王子的城墙……每一处美哉之景和美妙的传说，在赋予这座城市秀美容颜的同时也演绎着浪漫的内涵。

本溪是崭新的，在建设"沈阳经济区"的热潮中，以"中国药都"为核心支柱的"沈本新城"悄然而起。这不仅是城市升级换代的战略性举措，更重要的是，在药都的建设积累中，本溪形成了以"坚定信心、坚韧实干、坚持创新、坚决一流"为核心的"中国药都"精神。这将为全市各行各业全力描绘"昂首'十三五'，建设新本溪"的宏美蓝图注入崭新的生机、活力和更具时代性的文化内涵。

本溪满族自治县概况

　　在峰峦叠嶂的辽宁东部山区、清澈蜿蜒的太子河上游，镶嵌着一颗璀璨的明珠——本溪满族自治县。它东与宽甸、桓仁相通，南与凤城为邻，西与本溪、辽阳毗邻，北与抚顺、新宾接壤，总面积3344平方公里。全县辖11个乡镇、1个街道办事处，总人口约30万。有满族、回族、朝鲜族、蒙古族、锡伯族等24个民族，其中满族人口占总人口的65%，地貌特征为"八山一水一分田"。属北温带湿润大陆性季风气候，雨量充沛，四季分明，日照充足，雨热同期。平均气温7.1℃，最高气温37.8℃，最低气温-34.7℃，年均降水量764.7毫米，日照率为54%。

　　本溪满族自治县是一个富饶而美丽、古老而文明、年轻而时尚的地方。

　　说她富饶，是因为这里的自然资源极为丰富。境内山脉纵横，林木茂盛，森林覆盖率达78.2%，有林地面积26.1万公顷，木材蓄积量1800万立方米，是辽宁中部城市群的绿色屏障和水源涵养地。林区内盛产大量的名贵中药材、林蛙、野生山野菜、食用菌等，是辽宁省"五大药材基地县"之一。境内矿藏资源十分丰富，已探明的矿藏种类有130多种，有"世界地质摇篮"之称。可供开采的矿藏有煤、铁、金、银、铜、硫化铁、石灰石、石墨、钾长石、方解石等30多个品种。境内水电资源充沛，有大小河流近百条，河流水能蕴藏量10.3万千瓦时，多年地表水流量13.54亿立方米。

说她美丽，是因为这里的山，纵横交错，峰峦壁峭；这里的水，碧波荡漾，清澈透明；这里的洞，深邃奇绝，姿态万千；这里的泉，消痛祛病，享誉北国；这里的湖，风光绮丽，传说神奇。如诗如画的自然风光把这里打造成魅力四射的"燕东胜境"。

境内旅游资源极其丰富，具有种类全、品位高、垄断性强的特点。这里集山、水、洞、泉、林、湖、溪、河、瀑、谷等自然资源和古人类文化遗址、抗联文化遗址、民众文化遗址等人文旅游资源于一体，几乎拥有全国全部的景系、景类和48.4%的景型。具有垄断性的旅游资源有：亚洲第一长的可乘船游览的地下充水溶洞——本溪水洞，东北道教发祥地、东北道教第一山——九顶铁刹山，东北第一人诞生地——庙后山古人类文化遗址，有采用碾压混凝土筑坝技术修建的国家重点水利工程——观音阁水库，有本溪、鞍山、辽阳等城市的母亲河太子河的第一发源地——大地森林公园，辽宁省内地面喷出温度较高的汤沟高热温泉，枫叶分布最广、品种最全、品位最高的百公里可乘车游览的枫叶观赏带。其中，枫叶、水洞、温泉、名山、宗教、民俗已成为闻名遐迩、竞争力极强的六大知名旅游品牌。

经过多年开发建设，这里已形成了"一洞"（本溪水洞）、"两山"（关门山、铁刹山）、"两泉"（汤沟温泉、温泉寺温泉）、"三平湖"（观音湖、红叶湖、大石湖）的景区格局和"春赏山花、夏看碧谷、秋观红叶、冬览冰雪"特色突出、主题鲜明的四季旅游品牌。尤其是金秋的本溪满族自治县，枫叶流丹，万山红遍，层林尽染，美不胜收。这里是全世界枫叶最美的地方，2003年在国家商标局注册了"枫叶之乡"服务性商标。

说她古老而文明，是因为远在40万年前的旧石器时代，当周口店北京人炊烟缕缕的时候，这里就有了庙后山人婴儿的啼哭和母亲的劳碌。庙后山人在开创了东北文明之源的同时，与北京人携手共同开创了中华文明之源，勤劳、勇敢的庙后山人在这块土地上刀耕火种，生息繁衍，创造了灿烂的太子河文明。这里迄今发现的文化遗址有 211 处，发掘出土石器、青铜器、陶器等 4000 余件。

这里是东北道教发祥地，铁刹山的摩崖石刻，彰显着深厚的文化底蕴；这里是满族隆兴之地，温泉寺的"狗儿汤"，述说着清王朝的开元史事；这里是革命烽火燃起的地方，是抗日民族英雄杨靖宇率领的抗联一军一师抗击日寇的主要战区，在汤沟保留着著名的东北抗联西征会议遗址，记录着中国东北的抗日斗争史。

说她年轻，是因为从 1906 年（清光绪三十二年）本溪县建制开始到现在，仅 100 余年。1989 年，经国务院批准，撤销本溪县，成立本溪满族自治县。

说她时尚，是因为如今的本溪满族自治县紧紧把握时代的脉搏，以建设"工业强县，旅游大县，文化名县，农业特产县"为奋斗目标，用先进的发展理念，创造出非凡的卓越。县域经济、城市建设及社会各项事业取得了长足发展。

本溪满族自治县工业基础雄厚，工业门类齐全，全县有大中型工业企业 38 家，形成了冶炼、纺织、酒业、机械加工、化工建材、木材加工六大主导产业；本溪满族自治县农业产业化初具规模，形成了以中药材、优质米、山野菜、畜禽及冷水养殖、经济林为骨干的农业产业化发展框架，被列为国家农业综合开发县、国家商品粮基地县、国家生态农业示范县和省无规定动物疫病区示范区；本溪满族自治县以旅游业为主的第三产业蓬勃发展，年均接待国内外游客 180 万人次，跻身于"辽宁省旅游强县"行列；本溪满族自治县交通十分便捷，沈丹、溪田铁路和沈丹高速公路穿越县境，县城小市距本溪市区 39 千米，距沈丹高速公路本溪路口 32 千米、草河口路口 90 千米，距省会沈阳 100 千米，距桃仙国际机场 85 千米；本溪满族自治县电力、通信发达，基础设施完备。

好山好水好风景，真心真意真感情。请随我一起走进本溪满族自治县，保证让您"吃得开心、住得舒心、行得放心、游得倾心、购得称心、娱得欢心"。

桓仁满族自治县概况

　　桓仁满族自治县地处辽宁东部山区，南接宽甸，北邻新宾和吉林省通化市，东与吉林省集安市相连，西与本溪满族自治县毗邻。属中温带大陆性湿润季风性气候，年平均气温6.8℃，日照2362小时，无霜期140天，降雨量870毫米。境内总面积3547平方公里，地貌特点是"八山一水一分田"。其中，山林面积27.4万公顷，耕地面积3万公顷，水域面积2万公顷，旱田2.47万公顷，水田5300公顷。全县人口近31万，其中满族人口占全县总人口的45%，朝鲜族占27%，另外还有回族、蒙古族、锡伯族等14个民族，至今桓仁地区在文体活动及饮食文化上还保留了很多民族特色。像满族的骑射、摔跤、扭秧歌、打陀螺、放爬犁坡，朝鲜族的高丽舞、打秋千、跳板等文娱体育活动在民间广为流传；满族人喜黏食，逢年过节吃饺子的习俗在桓仁延续至今，其特色风味小吃：黏火勺、牛舌饼、酸汤子、苏叶饼、柞树叶饼、火锅、白肉酸菜血肠和猪肉炖粉条等传统食品，以及朝鲜族的风味狗肉、冷面、打糕等民族特色风味食品也备受桓仁人民喜爱。另外，在回族集居的地方设有清真寺。

　　桓仁历史文化悠久，根据沙尖子镇闹枝沟村牛鼻子古人类遗址出土文物证明：桓仁早在6000年前便有人类居住了。商周时期，貊族青铜文化活跃于今桓仁境域；战国时期，桓仁地区属燕国辽东部。辽代，桓仁地区的民族主体是女真族。女真族于1635年改称满洲族，满洲族于1911年改称满族。公元前37年，北夫余王子朱蒙在桓仁建立了中国汉代东北地方的少数民族政权——高句丽国，公元前34年，建都于纥升骨城（今五女山山城），即高句丽第一都城，高句丽以五女山山城为都城长达40年，这是桓仁地区最早的建制。

桓仁林业资源丰富，素有辽东绿色宝库之美称。有林地面积25.6万公顷，林地面积占全县总面积的80%，是辽宁重点林木商品材基地县。森林覆盖率名列全国前茅，木材蓄积量为辽宁之冠。

桓仁野生动植物资源丰富。桓仁地处长白山余脉，浑江中下游，四季分明，降水充沛。野生动物资源主要有狍子、狐狸、黑熊、林蛙等百余种。自然生态环境十分优越，土特产品种类繁多，野生植物2000余种，其中可食用山野菜60余种，野生果品几十种，野生中小药材200余种，素以鱼米之乡，参药之乡，山野菜之乡，食用菌之乡，板栗、山楂、草莓之乡，林蛙之乡而驰名中外，以品种全、产量高、无污染、营养价值高而蜚声遐迩，是绿色食品的主要产地。桓仁京租贡米驰名全国，是"AA"级优质稻米生产基地。用山葡萄酿制的五女山牌冰酒及葡萄酒、白酒系列被确认为"辽宁省十大旅游商品""辽宁省著名商标"。

桓仁矿产资源丰富。已探明的矿产资源有9大类、30余种，主要有煤储量10000万吨、菱镁1000万吨、石墨2000万吨、石灰石5000万吨、滑石800万吨。另外，还有铜、锌、铁及稀有金属钼、镍等。

桓仁水利电力资源丰富。境内江河纵横交错，溪流池沼密如蛛网，水资源总量156.4万立方米，位居全省之首，水能理论蕴藏量56.2万千瓦，为辽宁之冠。建有辽宁最大水库和辽宁最大的淡水养殖场。充分利用水资源，兴修以水库为主的农田水利配套工程，进行水产养殖和农田灌溉。其中，浑江渔场可养殖水面14.8万亩，生产经济价值较高的池沼公鱼、鲤鱼、鲫鱼、罗非鱼、银鱼等。

桓仁旅游资源丰富。古老神奇的桓仁，镶嵌在辽东青山绿水之间，境内山青、水秀、物丰、景奇。桓仁旅游景观素以山、水、洞、湖、泉、文物、古迹而蜚声中外。主要景观有：中国历史名山——五女山，世界文化遗产地——纥升骨城（五女山山城），中国唯一八卦城——桓仁老县城，世界地质一绝——奇异的地温异常带、国家级自然保护区、辽宁最高峰——佛顶山，北国第一洞——望天洞，国家级库区森林公园——桓龙湖，世界奇花——天女木兰等。依托独特的旅游资源优势，大力发展旅游业。建立以五女山风景名胜区为龙头，以望天洞、桓龙湖等景点为依托的旅游网络，与国家旅游线路接轨。

改革开放以来，桓仁先后获"全国粮食生产先进县""水利经济先进县""造林百强县"等殊荣，被列为全国山区综合开发试点县、农村电气化县、农业现代化示范区基地县、生态建设试点县、民族贸易县、重点林木商品材基地县。

第二篇　本溪市区旅游景点导游词

本溪湖

亲爱的各位游客：

你们好！

欢迎你们的到来！自我介绍一下，我姓×，大家可以叫我小×，今天我很开心能在这里做大家的导游，带领大家一起去游玩辽宁省著名的景点——本溪湖。

本溪湖位于山城本溪市区北部大堡卧云山崖之下，有人知道本溪湖名称的由来吗？其实本溪湖的得名有三种说法，第一种说法：清嘉庆年间，皇族内亲徐廷昭之墓埋葬于窑街（即现在的本溪市第一医院门诊部西侧）内，墓前立石碑一尊，而本溪湖位于距碑约二里西山角下，取其碑西有湖之意，遂将窑街称为碑西湖。第二种说法：本溪湖的名称，还可溯源于"杯犀湖"。大概因为湖水尚小，宛如一杯清水，湖底下窄上敞，形如犀角，乃以形名之"杯犀湖"。据《八旗通志》载，清雍正五年，奉天将军葛尔弼上疏称："杯犀湖等处所产铁，为居民犁具所必需。"又迥然见《奉天通志》载，早在嘉庆以前的70多年，此湖被称为"杯犀湖"。本溪湖系始于乾隆五十八年，据此推断，"本溪湖"来源于"杯犀湖"，因"杯犀"两字难写难认，故改为"本溪湖"。第三种说法：1869年，清朝辽阳驻防将军高陛先题词"本溪湖"，石匠刘占东镌刻在湖上的悬崖峭壁间，碑西湖自此就改称本溪湖，命名本溪湖的原意是"溪的本源出于湖"。

现在我就带大家前往本溪湖。现在大家眼前的就是本溪湖了。辽东胜境、关东十景，别看湖小，却名扬四海。湖水冬蛰春生，水质清冽，宜饮宜浴。每年五月，地表水沿岩隙流入洞底，湖水盈溢；入冬后湖水渐少，可秉烛进洞，远游二三里。洞外有建于明代的慈航寺，寺内有塑像和壁画。洞中清泉汩汩，不断注入新中国成立后修建的人工湖。人工湖面积为 2000 平方米。湖边垂柳婆娑，湖中建有拱桥、湖心亭，供有各式游船。1984 年，新建了登山石阶、凉亭和文物陈列馆，更使本溪湖增添了迷人风采。

公园南一华里山腰间有一石灰岩溶洞，俗称怪石洞，长 200 余米，洞内钟乳群千姿百态，有的像如来讲经，有的像十八罗汉齐集一堂，故又称罗汉洞。本溪湖申报"世界最小的湖"吉尼斯世界纪录最终获批，成为上海大世界吉尼斯之最的第 2346 号纪录。

大家可以看到，一泓潭水被围于石灰岩洞中，水面不足 15 平方米，每昼夜流量近 2 万吨，四周峰峦抱谷，洞口开阔，面向东南，洞前湖水带流，山光湖色，清幽小巧。湖形外阔内狭，极似犀角做成的酒杯，故称"杯犀湖"。此外，还有"碑西湖""白溪湖"等说法。

本溪湖不仅景色美，而且还是本溪的发源地，以湖为中心建立的本溪湖公园以小巧精致见长，可观赏性非常强。大家参观完本溪湖后还可以到公园、寺庙、山峰参观。

这个湖每年 5～10 月进入旺水期，清澈凉爽的泉水由地下溶洞以昼夜 2 万吨的流量喷涌而出注入人工湖，人工湖水面 6000 平方米，可供游人泛舟。湖面平静无波，湖水清澈见底。从公园右侧拾级而上，山路陡峭，风景怡人。一面是悬崖峭壁，另一面是青松、翠柏、草地青青。登及山顶，有凉亭供游人歇息、乘凉，放眼望去，溪湖美景尽收眼底。湖的右侧建有慈航寺，是明朝末年所建的观音寺，后改名慈航寺。寺庙吸引了众多香客前来上香朝拜，缕缕白烟随风飘散，散发出淡淡的芳香。本溪湖一侧有一寺庙建于 400 多年前，曾名为观音寺、保安寺等，由于建成时间是东北地区最早的，被称为东北佛教的"祖庭"。

本溪湖由于风景秀丽，物产丰富，在日俄战争期间，日本人就对本溪湖的煤铁储量进行了探查，并绘制了矿产图，鲁迅先生在日本留学期间看到了这张地质全图，怀着救国愿望，1903 年与同学合著了《中国地质策论》，由此可见，日本人从 19 世纪末期就有掠夺本溪湖资源的野心。由于本溪湖曾经是本溪的政治、经济、文化中心，留有很多历史遗迹，如三大宗教场所、本溪湖炼铁株式会社遗址、德国专家楼、肉丘坟、劳工棚等，本溪第一处水陆码头，第一条公交车站，本溪最早、最长的桥梁，东北地区最早的炼钢厂，亚洲最大的采矿竖井等，可以说本溪湖反映了本溪历史。本溪湖地区历史资源丰富，全市 70% 的回族同胞在溪湖地区居住，是全省第二大回族聚居区。地质地貌奇特，地质专家李四光、赵亚曾都曾在本溪湖进行过地质研究。

本溪的发展史处处有本溪湖的影子，可以说本溪湖是本溪人永远的精神家园。我的介绍就到这了，现在给大家两个小时自由活动，可以到本溪湖、人工湖、佛寺、山峰上游览及合影留念，两个小时后我们在门口集合。

大冰沟森林公园

游客朋友们：

大家好！欢迎来到大冰沟森林公园观光旅游。

"日照香炉生紫烟，遥看瀑布挂前川，飞流直下三千尺，疑是银河落九天。"这是诗人李白在描述庐山美景时写下的千古诗句。大冰沟森林公园，再现了诗仙李白笔下的优美意境。

大冰沟森林公园坐落于本溪市东南部。森林资源丰富，自然景观独特，是镶嵌在燕东大地上的一颗闪闪发光的绿色宝石，是人们旅游、度假和科学考察的好去处。

森林公园总面积2.1万亩，森林覆盖率达90.8%，森林蓄积量17万立方米，森林资源在辽东山区举足轻重。这里的林多、野生植物和动物多。其中，木本植物32科86属170种，主要分布的树种为红松、云杉、冷杉、落叶松、柞树、枫树、水曲柳、花曲柳、紫椴、胡桃楸、黄菠萝、天女木兰、刺楸、山杨等。草本植物83科761种，如药用细辛、天麻、龙胆草、天南星、走马芹、草乌、黄芪、远志、木贼、桔梗等；食用的蕨、唐松草（猫爪子）、短手白芷（大叶芹）、女娄菜、东风菜、黄花菜等。森林野生动物有4纲150种，其中兽纲主要有黑熊、野猪、豹、狍子、狗獾、狐狸等14种；鸟纲主要有杜鹃、黄莺、百灵、啄木鸟等21种；爬行纲有北滑蜥及蛇类等7种；两栖纲2种。

这里有美丽的自然景观。大约在6亿年前，这里是一片汪洋大海，从元古代到中生代，地球经历燕山造山运动后，海水从这片几经沧桑的古陆地上退走，地壳发生一系列的断裂、抬升，加上大自然漫长岁月的精雕细琢，形成群峰竞秀，千姿百态。有的像直插青云的望景台，有的像雄鹰衔虎，有的像仙女驾鹤翱翔，还有的像两把利剑直插云天。

来到大冰沟，置身其间，人在画中行，就仿佛进入了琳琅满目的翡翠世界。

【玉皇峰】

巍巍耸立在景区东南部的玉皇峰，海拔 1178 米，山体高大，气势磅礴，雄伟壮观。登上峰顶，四周景物一览无余。西侧是五顶山的石林和石岩上婀娜多姿的杜鹃花；东侧双龙峰、天女峰奇峰林立；北侧可见本溪的平顶山。登峰远眺可见凤城市、辽阳白塔和沈阳周边地区。每当夏秋之际，俯瞰山下，云海翻腾，气象万千。每逢旭日东升，白云托日，浮空掠红，分外妖娆，这里是看日出的好去处。

游客朋友们，登顶峰后，您定会有所感慨。如果您是一位领导者，您一定会高瞻远瞩，把幸福的种子撒向人间；如果您是一位有识之士，您定会看好这里的风光，到这里投资，把这里的山山水水建设得更加美好；如果您是位学生，您定会胸怀大志，努力学习掌握本领，把祖国建设得更加美丽和富饶。

【一桶杯森林瀑布】

景区东南方，摩天群峭映入您的眼帘，气势雄伟。玉皇峰流下的溪水蜿蜒而来，旋起旋伏到此突现高耸，如神龙翘首，出现森林瀑布之灵奇，犹如天女散花，飘然而下，水气弥漫，如烟、如雾、如云。这里，流水潺潺，野花灼灼，翠树绿藤，苍松蔽日，瀑布五里之遥就耳闻隆隆作响。传说，这是玉皇亲手酿出的酒水，倒在一桶杯中供群仙饮用，酒太多故从杯中溢出形成这个瀑布。还传说这是薛仁贵饮用过的酒杯，此杯高 30 公尺，杯径 10 公尺。当您漫步在山间，遥看瀑布彩云间，瀑布蓝天紧相连，瀑下嬉水多情趣。您定会流连忘返。

【五大连池】

在一桶杯森林瀑布下面的深山峡谷间，可见五个阶梯式的水池，每个池约 120 平方米，五个连接的池都是上池水瀑跌入下池，形成 2～5 米落差，其流湍急，水落处飞珠溅玉，水色深蓝。第五个池水流从岩缝斜坡流下，进入天女河和天女湖。

盛夏，当您来到这里嬉水时，心神欲醉，别有情趣。池两岸陡峭险峻，山高林密，鸟语花香，堪称是一处天然游览胜境。

【夫妻树】

在五大连池一个方池两侧各有一株山杨树，树高均 20 米，胸径 30 厘米，两树树干笔直，树冠庞大。传说很早以前，住在杨家屯的一对年轻夫妻来五大连池采蘑菇，采完后在瀑布洗浴，惊动了雷公，雷公对他俩进行惩罚，变成两株山杨树站立在五大连池两侧，替他守护天池和酒作坊。他俩思念故乡杨家屯，想借助西北风的力量将他们忠贞爱情的结晶（花絮状很轻的种子）吹回去。可是，儿女们不愿离开父母，在五大连池西北侧落了下来，生根发芽，苗壮成长，现在这片杨树林已有他们 3 万多个子孙后代。请大家看，这两株杨树迎风挥手，在向八方来宾致意。

【天女峰、天女湖、天女石】

景区中部有一座秀美的山峰叫天女峰，海拔 960 米。传说一位美丽的天女在游历人间时，看见一座山城南郊绿树成荫，溪流成河，好生喜欢，也看见这是一位勤劳英俊的护林小伙用汗水浇灌的，为此，产生爱慕之情。此事被玉皇知道了，令雷公召回，天女宁愿与小伙子常守青山，也不愿返回天庭。玉皇大怒，令雷公将他们经常幽会的山峰劈开，形成现在相对高50公尺状。天女下凡后，与小伙子生活在一起，男耕女织，他们生的儿女也都陆续成为护林人。天女峰山下分布着千余处天女木兰花丛，传说是天女下凡撒播的种子繁衍起来的。其枝干俊秀，花枝俏丽，在百步之外，可闻芳香。每年6~9月，如果您有幸到这里，林间溪旁，含苞待放的天女木兰花相继开放，香气弥漫山谷，会使您心旷神怡。天女木兰群中还有一个清碧如镜的湖，湖边矗立一块巨石，人们把它们叫作天女湖和天女石，传说这是天女沐浴的湖和天女坐过的石头。您来这里，不妨坐一坐，它将给您带来一生幸福。姑娘们坐，会像天女当年那样美丽；小伙子坐，能找到像天女一样的娇妻。

【仙人台】

在天女峰西侧有一座插入云霄的山峰，我们称之为仙人台。此处悬崖陡峭，笔直高耸。在登顶台远瞻茫茫无垠的辽河平原，晴天远望隐约可见营口渤海湾。奇美山景，观诸峰，参差峥嵘之姿，各有千秋，不时白云掠身而过，使人飘飘然，如登仙境。每当东方欲晓登上仙人台，五光十色古树、彩霞相映的日出风景，颇称奇观。

【卧龙湖观景】

传说卧龙湖是双龙经常嬉水之处。雍容华贵的杜鹃花第一个冲破严寒，皑皑白雪上播撒春意，在高山苔原上扎根，沿石坡和坡谷成片地蔓延开去，默默地铺翠叠绿，成为绿色植被的中坚力量。枫树、天女木兰和胜似红衣仙女的高山百合，体态奇异的长白乌头，小巧玲珑的龙胆，遍布各个角落。上千年的高山桧柏（爬山松）匍匐着身躯，以那坚毅的性格和顽强的生命力编织着锦绣的景区风光，招惹无数游人折腰竞赏。这里的风景：春花、夏云、秋枫、冬雪，一年四季五彩缤纷，无论春夏秋冬不损其美，不失其媚，依时而变，姿态万千。春看冰，滴翠花红；夏看水，飞瀑流韵；秋看枫，漫山红遍；冬看雪，玉树琼林。

【雷公塔】

雷公塔坐落在一桶杯森林瀑布下，高 18 米，圆柱塔形，我们称它为雷公塔。传说，雷公因没完成玉皇旨意召天女返回天庭，故令其在仙酒作坊打更。您来到这里，可以看到雷公沮丧的面部表情。

【仙酒泉】

雷公塔下有一泉眼，那是玉皇酿酒的存酒缸。此酒是用千年老山参、百年刺五加皮、十年五味子、猕猴桃、山葡萄发酵万年而成。

从前放山人到此都要喝一口这里的水酒，寿命都达到百岁以上。朋友们，你不妨也喝一口这益寿延年的琼浆。

【高山压石龟】

在海拔千米的鹰咀碴子山下，压着距今至少有上亿年的石龟，此龟高 8 米，宽 16 米。传说古时候此龟因假传玉皇圣喻，造成河水泛滥，冲毁农田百万顷，房屋数万间，淹死百姓数万人，为此被玉皇处罚，压在此山最底层。真是恶有恶报！请看，亿年石龟被高山压着的情景。

【姐妹枫树】

在鹰咀碴子山下，从一个根上长出了 15 株红叶枫树，其树高 8～12 米，胸径 8～12 厘米。

【雄鹰衔虎峰】

在双龙峰与玉皇峰中间有一巨型岩石，像一只庞然雄鹰，嘴衔着一只猛虎，目视着大冰沟的山山岭岭。传说，雄鹰是玉皇的护卫神，它的职责是保护森林和野生动物。这只被衔在鹰嘴里的老虎曾吃掉了不少野兽，就连虎崽也不放过，此事被玉皇知道后，令雄鹰衔回，居高示众，出现此景。

【骆驼碰子】

骆驼碰子位于财神庙和桶子峪两屯之间。石驼头向南，朝向玉皇峰，北坐财神庙，整个岩石高 20 米，宽 10 米，栩栩如生，坐落在公路边。传说 46000 年前这里寸草不生，方圆数十里渺无人烟。玉皇命令骆驼神去长白山的二道白河驮回那里的红松和美人松，可骆驼神不适应这里的环境，仅从通化驮回一些杂木林归来，玉皇大怒，令他在此处（现在的东沟村头）悔悟 3 万年。后人将驮回的山叫威连山，方圆 6000 余亩。据说骆驼神腹中有一长管，暗藏在威连山中，通向太子河，以便饮用，这是骆驼神的好友狗獾神和蛇神精心设计的。

【连理枝】

深山峡谷陡崖处，长着近百年的两株树：一株是枫树，另一株是榆树。两树相距不足两米，树根互相缠绕，交织成网，难分难解，树干相依相靠，真是人间奇景。传说有一天，农夫们发现一对从未见过的奇鸟，他们给奇鸟起名，雄性叫榆鸟，雌性叫娥凤鸟。它们边扑食森林害虫，边将吃剩的浆果种子撒在大地上，比翼齐飞，倾诉相互爱慕之情。可是天公不作美，突然飞云密布，大雨倾盆，瞬间天昏地暗，从山顶到山底泥石滚滚，泥沙巨石使它们无藏身之处。雨过天晴后，农夫们发现峡谷中两鸟经常觅食处出现枫树和榆树，它们紧紧地依偎着，显示出终身的爱恋。后人将挺拔的、长着卵形叶的树叫黄榆，将九角形叶的树叫九角枫树。它们长在崖边，常年水冲沙压，紧紧缠绕的树根顽强地阻挡着水土流失，这是纯真爱情的象征，后人称他们叫连理树。正是"在天愿作比翼鸟，在地愿为连理枝"。

【半月沟】

双龙洞东坡有一个叫半月沟的地方，说是沟其实是一个大峡谷。峡谷有数十个岔道，曲曲弯弯，人进去一般很难出来。此地野生动物繁多。传说有两个猎手箭法高超，百发百中，飞禽走兽无不惧怕和痛恨。有一天，他俩带着干粮外出打猎，看见四只梅花鹿个个金光闪烁，细看脖子都挂有金牌。打猎心切，瞄准便打，四只鹿不慌不忙环深沟奔西坡，时隐时现。猎人追了两天，带的干粮都吃光了，只好以野果山货充饥。这天下午，忽然雾起，东西难辨，四只鹿再也不见踪影，猎人也找不着回家的路。13 天后猎人终于返回家中，落泪不止地悔悟杀生太狠，从此再也不敢打猎了。此后，人们就把这个沟叫半月沟，沟西坡叫落泪坡。

【大冰沟天桥】

从套峪岭至双龙峰，沿着海拔 1000 米的山岗旁有一条惊险的通天小路，我们称之为大冰沟天桥。这里山峰高耸入云，峰岩险峻。当走到桦树峰时，突然出现豁口，豁口两侧是断岩峭壁，刀削斧劈豁口上横压一块扁形石，人可在石上通过。小心下望，使人顿觉头晕目眩，望而生畏。观后真有"仰望天桥空中挂，天仙俯视人间情"之感。

传说，东路群仙去玉皇峰拜见玉皇时必经此桥，为此也有人把它叫仙人桥。现今桥上横压的扁形巨石已跌落山崖。

【野生动物保护区】

公园内种类繁多的野生动物共有 4 纲 150 种，茂密的森林是它们隐蔽的良好场所和丰盛的饲料基地。大量的林木种子（橡子、红松等树种和杂草籽）、果实、嫩枝、树皮、树芽及名目繁多的苔藓地衣既是兔、鼠、狍子和多种鸟类的食物，又是豹、鹰等肉食动物赖以生存的食物基础。素称"森林医生"的啄木鸟常年居住在森林中，啄食树干害虫。由于森林环境的恢复，一些境内从未有过的奇鸟也来此繁殖。南芬区林业局爱护野生动物，经申请政府批准成立了保护区（3600 亩），众多的野生动物得到了保护，有了栖息之地，这里成为飞禽走兽的乐园。

【森林植物园、野生动物园】

森林植物园位于雷公岭下 100 米处，面积 2200 亩，分布有长白和华北植物区系的代表性林型 24 种，其中针阔混交林 6 种，针叶林 2 种，天然林 16 种。这些林型按海拔高度垂直分布，代表了辽东山区森林演变、各个阶段的更替，具有科研价值。还有 643 亩的森林实验区一处和 1600 亩的野生动物园一处。

【雷公岭与二郎神沟】

雷公岭在距离植物园 3 米处。传说古时候，雷公召天女返回天庭，天女不肯，雷公发怒将天女峰击倒，巨石堆满山谷，形成一道岭，岭阻断了上游溪水形成了湖，众人行走不便，怨声载道。一日，二郎神骑马到此，见此状，一怒用马鞭一抽，抽出一条深沟来，二郎神沟由此得名。

游客朋友们，大冰沟森林公园共有景点 88 处。现在大家可以自由前往，请注意集合的时间和地点。谢谢各位合作！

东风湖冰雪大世界

游客朋友们：

你们好！欢迎大家到东风湖冰雪大世界来游玩。东风湖冰雪大世界每年12月初至第二年的2月末对游人开放。冰雪大世界分为冰上活动区域，雪上活动区域，餐饮、住宿、KTV服务区域，足以让您玩得开心、住得舒心、吃得放心，并使您流连忘返。

现在，我带领大家游玩的地方是高山滑雪。前面这幢粉色的楼房是雪具大厅，雪具大厅内设有接待室。如果您想滑雪，可以在此租用雪具。

滑雪与马术、台球、高尔夫球并称"世界四大绅士运动"，滑雪场也号称是现代勇敢者的乐园。如果您是初学者，滑雪场有滑雪教练为您服务。滑雪是具有北方特色、趣味性很强的冬季户外体育运动，它富有动感，充满活力，而且参与性强。

夏日里碧波荡漾的东风湖，随着寒冬的来临，渐渐凝结成镜的冰面和造雪机扬起的漫天雪花，东风湖变成银装素裹的世界。它与大山连成一体，构成了宏大的冰雪天地。优美的自然风光与精心打造的人文景观互相映衬，美轮美奂，高山滑雪场更是您一展风采之地。

当您穿上雪鞋，踏上雪板，手拿雪杖，从山顶上开始速滑时，无论您是初学者还是滑雪高手，都能体验到那种速降的感觉。矫健的身影如箭一般穿梭，把大地踩在脚下，仿佛世界交给了自己。摔倒的是一溜儿跟头，爬走重新跃过，忘记所有烦恼，不再让岁月蹉跎。那种淡然、超脱更具意韵，就像洁白的雪，亦真亦幻，斑斓迷离。

体验到了滑雪的刺激和韵律，我们下一个游乐项目是冰上系列活动。雪的润白、冰的晶莹，让人们抛却了城市里的喧嚣；洁净的空气、绵延不断的冰雪情怀，给人们带来了一种前所未有、返璞归真的体验。就连那儿时玩过的小小爬犁，也能让您打开尘封的记忆，想起逝去的岁月。

爬犁场地位于冰上活动区域的西侧。冰爬犁活动老少皆宜。当您坐在小小的爬犁上，手握冰钎，穿梭于冰面上，冬日暖暖的阳光照在身上，耳旁回荡着孩子兴奋的笑声，重温孩提时代的温馨，感受冰雪大世界带来的对逝去岁月的美好回忆。

现在我们来到的是高山雪圈、高山冰道场地。高山雪圈、冰皮筏都是借助工具利用冰面和山坡向下速滑的娱乐项目，惊险、刺激、开心。无论您是在雪圈场地下滑，还是在冰道场地下滑，就像从陡峭的雪坡上飘下片片的莲花云朵，伴着欢声笑语滑落，耳边风声呼啸，脚下溅起点点雪粒，那种感觉是一种激荡，一种超越。

在冰国雪域有股把老叟变成稚童的巨大魔力，置身于雪野，让您如此欢快忘形。羊拉爬犁、狗拉爬犁和马拉爬犁，更让您有一种酣畅淋漓的快感。羊拉爬犁、狗拉爬犁和马拉爬犁场地位于冰面活动区域的中心。当您玩过滑雪、雪圈等富有刺激的项目后，与朋友家人坐在爬犁上，周围满是欢乐的海洋。刚刚因滑雪而产生的疲乏劳顿，都在这动物爬犁上、在这兴趣盎然的娱乐项目中消散，您可以尽情地幻想旷野中美丽的传说。

卡丁车、摩托车场地位于冰面活动区域南边。卡丁车为无级变速，易学易操作，是景区内一年四季游玩的娱乐项目。当您驾车奔驰于冰面上，风声贯耳、景色变幻，身心的感觉迥然不同。

滑冰是您熟悉的娱乐项目了。冰的洁净、玲珑剔透，您矫健的身影倒映在冰面，映衬出如燕般的身影，风姿绰约。

骑马场地位于冰上娱乐区的东南部。当您骑在马背上，跃马扬鞭，纵马驰骋时，可以体会马背民族的勇敢，驾驭的惊喜尽在不言中。

　　其实对雪与冰的体验，仅停留在这些娱乐项目上显然是狭隘的，东风湖冰雪世界的美更在它的浑然天成。檐底垂挂的冰溜、含笑的雪人、冰雕、雪雕绘出了一幅别具风韵的冰雪风情画。玩累了不妨走进农家小院，饮壶酒、品品农家菜肴。坐在农家小炕上酒足饭饱之际，透过窗玻璃上的窗花，一个银色的世界近在咫尺，个中意味，值得细细品思。

　　游客朋友们，冰雪娱乐暂告一段。您不妨在休闲时再来东风湖冰雪大世界赏雪、看雪、滑雪、玩冰，冰雪世界的每一处都会让您尽兴，每一处都会点燃您欢乐的心情。愿您快乐！欢迎您再来！

南芬

各位朋友：

大家好！非常高兴与您相会在"城南明珠幸福南芬"，善良淳朴、热情好客的南芬人民欢迎您的到来！我叫××，是本次活动的导游，希望用我的热心换来您的开心，用我的热情换来您的微笑。

朋友们，"南芬"的名字源自民间广为流传的一句诗："北国锦绣园，城南芬芳地。"形容的就是这里人杰地灵、山川壮美、资源富饶。南芬区域面积达 619 平方公里，大小与新加坡差不多，森林覆盖率 78.2%，有 72 条冷泉，铁矿石、硅石、云石、方解石等矿藏储量丰富，说这里是一个"天然聚宝盆"一点儿也不为过。

南芬区积极构建"3＋2"产业格局，突出发展"大生态、大旅游、大材料"产业，协同发展"大健康、大数据"产业。也许您不知道，南芬有 5 张最闪亮的名片，我来给您简单介绍一下（可以制作 5 张大的卡片，拿在手里演示）：

第一张名片是"世界人参铁之乡"。南芬地处长白山系千山山脉东延部分，这里有亚洲最大的露天铁矿，还有举世罕见、单体近 25 亿吨的思山岭铁矿。南芬的铁矿石低磷低硫，平均品位 31.8%，性能极为优良，号称"人参铁"。中国第一枚运载火箭、第一颗返回式卫星，都有"人参铁"的身影，南芬人都为之骄傲。

第二张名片是"中国辽砚之都"。辽砚距今有上千年的历史，是明清的宫廷御砚，与端砚、徽砚并称为中国三大名砚。制作辽砚的石材"青云石、紫云石"独产于南芬思山岭附近，所以辽砚不仅实用，而且具有极高的观赏、收藏价值。

第三张名片是"国家独立工矿区改造搬迁示范区"。近年来，南芬区委、区政府通过积极推进国家独立工矿区改造搬迁工程，持续改善民生，增进百姓福祉，城乡面貌日新月异，沈丹高速铁路、高速公路等交通干线四通八达，一步一步地构建起"宜居宜业宜游、民富区强人旺"的绿色生态家园。

第四张名片是"东北亚城市近郊旅游目的地"。南芬区紧紧围绕"田园、峡谷、冷泉、辽砚、财神、矿山"六篇文章，着力打造"乡村旅游、奇山秀水、冷水资源、人文历史、民俗特色、工业旅游"六大品牌。如雄奇巍峨的大峡谷，有全省落差最大的天然瀑布、一望无际的格桑花海和油菜花海；如诗如画的大冰沟，负氧离子含量达到10568个/立方厘米，空气质量远远超过国家一级标准（负氧离子浓度＞2100个/立方厘米）。最神奇的地方就是"六月藏冰"，在最热的夏天可以看到落差近百米的冰瀑群，是冠绝天下的奇景；还有气魄恢宏、香火旺盛的中国财神第一寺，钟灵毓秀的五鼎山、威连山、北大山，具有浓郁满族传统风情的特色村寨甬子峪等，南芬正逐步成为"农民的家园、市民的公园、游客的乐园"。我个人强烈推荐大家走遍这些美景，品尝无污染、原生态的"冷水鱼""林蛙"和农家菜肴，保证您一定会不虚此行。

第五张名片是"六大文化品牌"。文化不仅是地区的名片，更是地区的根与魂，南芬区有深厚的文化积淀。《诗经》里提到"王锡韩侯，其追其貊（mò）"，貊族人三千年前就在南芬细河岸边繁衍生息；南芬既有战国末年燕太子丹的诀别处，又有三国时期魏国太尉司马懿的屯兵点；既有唐朝大将薛仁贵扎营寨，又有明朝防范女真侵扰的烽火台；这里既是抗日英雄苗可秀的出生地，也是电影《英雄儿女》的拍摄点；这里既是明清宫廷御砚的发源地，也是五方财神的修行道场；这里既有历经千年风雨的汉唐古道，更有饱经百年风霜的露天矿山。南芬区正着力打造"历史、矿区、辽砚、财神、红色、绿色生态"六大文化品牌，让一个品牌都记录一段历史，展现核心实力；让每一个品牌都承载无形价值，展现独特魅力；让每一个品牌都代表地区形象，展现澎湃活力。

朋友们，南芬就像一首诗，简约雅致；南芬就像一幅画，色彩斑斓；南芬就像一首歌，朝气蓬勃。好了，我就先给大家讲解到这里，希望能够让您对南芬有一个初步的印象。期待您走进这片神奇的土地，去领略它的独特风韵。祝愿大家行程顺利，心情愉快，万事如意！谢谢！

第三篇　本溪满族自治县旅游景点导游词

九曲银河本溪水洞

游客朋友们：

大家好！在我们美丽号游船即将踏上神秘旅程时，我代表本溪水洞的全体员工，热烈欢迎您到本溪水洞参观游览。今天，我将带您完成一次穿越，跨越 40 万年的时空，去感受水洞的精彩，相信浑然天成的神奇洞穴定会带给您一次心灵的震撼。

本溪水洞，又名"九曲银河洞"，全长约 5800 米，目前已开发可乘船游览的有 2800 米，面积约 45 万平方米，体积约 39 万立方米。洞中暗河清澈，可见长流不息，平均水深 1.5 米，最深处可达 7 米。洞内四季恒温，温度常年保持在 12℃左右，洞中景观千姿百态，分为七宫，有三峡、二门、九曲等百余处自然景观。

本溪水洞水奇、石绝、洞美，许多景色是绝无仅有的。现在，我就领大家一一去认识这些美景。

【银河宫】

现在，我们进入了九曲银河的第一宫——银河宫。

随着游船缓缓前移，峰回路转，别有洞天，我们仿佛进入了一个仙境。环顾四周，钟乳石林立、石笋如画，洞内水流潺潺、河道清澈蜿蜒，恰似天宫中的九曲银河延伸着古老而美丽的传说，这就是"银河宫"这个名字的由来。

洞中的景观都是天然形成的，没有任何人为的因素，可以说是三分看象，七分想象。所以，现在大家和我一起，一面看，一面尽情发挥自己的想象力。

请看！右上方就是宝莲神灯，传说当年沉香就是用此灯劈山救母的，过了宝莲灯，就是芙蓉壁。"清水出芙蓉，天然去雕饰。"芙蓉壁上仙子的笑颜会使您忘却人间的烦恼，撒播春意在洞天。

右前方有一石笋挺出水面，像指示航向的航标，把我们带到一个幽暗深沉的梦境当中，飘飘欲仙、扶摇直上，故名"出水芙蓉"。

瞧，右前方的岩壁上有道道波痕，如波如浪，翻腾起伏，似大海碧波向岸边涌来。这道景观长 30 米，波痕有十二三道，是地下暗河流水对岩壁蚀刻而成的奇观，我们给它起了个名字叫"银河潮涌"。

头顶上方的层层钟乳石，叠叠嶂嶂，水珠滴落，普降吉祥，犹如"大珠小珠落玉盘"，故名"珠帘滴翠"。

前方是聚猿坡。漫坡上的石笋正成群追逐嬉戏，或母子相抱窃语，或倒悬枯枝，惟妙惟肖、栩栩如生。"两岸猿声啼不住，轻舟已过万重山。"船到这里您是否听到它们的啼鸣声？

现在，我们是在水洞的美丽和神秘中穿行。本溪水洞是一本精美的画册，随着游船缓缓前行而一页页翻开，我们便可以看到；但水洞的神秘和奇绝，却需要大家用心去感悟。大家在游览的过程中，请细细体味水洞有什么不同于其他洞的奇绝之处，回程的时候，我会向大家公布答案。

【二仙宫】

现在游船来到的是九曲银河的第二宫——二仙宫。

请看右上方有两个巨大石笋，恰似古代传说中象征福寿的神仙。他们鹤发童颜，守候在河畔，为过往的游客赐福赠寿，故名"福寿双星"。

"福如东海，寿比南山"，是每一个中国人心中的美好愿望。从水洞的福寿双星旁走过之后，你的福寿梦就圆了。

右前方的上方有一块岩石，在灯光的照耀下色彩斑斓，它叫"鹅管"，是钟乳石的最初形态，是国外对麦秆状钟乳石的称呼，其直径与水滴一样大小。

特别推荐，大家看右前方的"宝鼎双钟"。这是水洞中一个非常著名的景点，不只美丽，还有一个小秘密。细看钟上的绳索似连非接，隐约相差 1 厘米。据专家推算，钟乳石每长 1 厘米需要100 年。

对于水洞来说，100 年时间并不长。我真诚地祝愿各位健康长寿，再过 100 年我们再来相会，我还做大家的导游。我们一起来观赏这个奇观，让福寿双星为我们敲起祝福的钟声。

【广寒宫】

右上方的景点，我们叫它"广寒宫"。广寒宫就是月宫，是嫦娥仙子的宫阙。嫦娥当年因偷服了后羿的长生不老药，独自一人飞向月宫。也许有人会问广寒宫一定很冷吧？其实这是多虑。我们九曲银河冬无严寒、夏无酷暑，所以嫦娥仙子连本溪的户口都没有办，就搬到我们本溪水洞住了。有朋自远方来，是一件喜事，水洞就把广寒宫送给神女了。

这里称"双剑峡"。发育良好的钟乳石，犹如两柄利剑悬于我们头上。首先我们看到的这把剑是禹王的斩妖剑，侧看又极像一把刀，我们称其为"屠龙刀"。有了"屠龙刀"，当然少不了"倚天剑"。它直插水面，根部直径为 1.3 米，长 7 米，是水洞中最长的钟乳石，我们称它为"倚天长剑"。如若钟乳石 100 年才长 1 厘米，那掐指一算，倚天剑则是一把锻造了 7 万年的镇洞宝剑了。可见，不但成为名人不容易，就是成就一把名剑，也要经受万年的寂寞。

我们到了剑的家里，九曲银河的第一门自然叫"剑门"。钟乳石林立，水石相映，森严可惧，还真有"船在水中迂回过，人在剑中穿剑行"的感觉。到前方各位一定要小心，注意低头。

【玉皇宫】

走出剑门，洞体一下子高大宽敞起来。这里便是九曲银河的第四宫——玉皇宫，面积1500平方米，犹如一座富丽堂皇的宫殿，是水洞景观最奇、最美、最精华的地方。

左侧的是仙丹石。这鱼鳞状的石幔散发着特异的香味，如丹桂，如薄荷，沁人肺腑，经久不散。

左上方的是梦笔生花。这支活灵活现的巨大毛笔，据说是诗仙李白在一次饮酒中遗落的，故称"太白神笔"。

游船前行，可见一巨石卧于河中。它的轮廓似一头牛猛然间回过头来，故名"卧牛回首"。

右前方那稍具圆形的石板，就是我国古代四大吉祥动物之一的金龟石，它还是男女爱情的信物。在《唐伯虎点秋香》的戏中，狡猾的秋香不是赠给唐伯虎一只金龟吗？聪明的唐伯虎立即回诗道"信物赠予金龟婿"。现在，它却在这里安安稳稳地睡起了大觉。

想要钓得金龟的姑娘，从这里走过去时，可以在心中许一个愿，有灵气的本溪水洞，一定能帮您心想事成。

【水洞的年龄】

各位游客，40年前，一叶扁舟，一束灯光，唤醒了沉睡的神奇洞穴。第一批勇敢的探索者开启了这座宫殿的第一扇大门，为它注入了第一缕光芒，使它有了生命的活力。本溪水洞从此揭开了它神秘的面纱，才有了我们今天的美丽之行。

探索者总是让人敬畏的。那么大家一定想知道，水洞究竟有多大岁数了对吧？

据1996年本溪水洞洞穴科研成果显示，水洞开始发育于距今50万年前的第四纪中更新世的早中期，经过裂隙充水和洞道扩大，形成了水洞的雏形。在距今25万年前中更新世的晚期，形成了今天的地下暗河。

这样看，水洞已是位 40 万岁的老人了。我们应该喊它万岁、万万岁了。

我们这么喊，会有人不高兴。大家看，右前方这只石蛙仿佛厌倦了 40 万年的等待，正欲纵身跃入水中，去感受生灵与美景的意境，故名"金蟾跳水"。

请看右前方岩壁上一黑一白两个石笋，都露出圆圆的肚子，多么像两尊弥勒佛，笑迎八方来客，那么到底哪尊更像呢？您说得对，是黑色的像，真可谓佛在心中，石在洞里，玄妙无穷。

请看左岸的"织女石"，它正在翘首盼牛郎。下方即是"牛郎背子"，正祈盼七月七日与织女相会。这两个景点，一会儿我会详细介绍。

游船前行，银河中的暗礁多了起来，可每一个都别有风味。左侧是"蛟龙戏水"，接下来是"海豹戏珠"，在水中的是"驼峰石"。

【水洞的传说】

美丽的水洞当然有一个美丽的传说。传说水洞是一个龙洞，大家看水洞的洞穴图，完全就是一条巨龙卧在山中，连龙的犄角都清晰可见。说水洞是个"龙洞"，还有一个故事：在很久以前，一个财主看中了水洞，想在这里存放财宝。财主派长工进洞时，看见地上有一条小白蛇，就用铁锹把蛇端出了洞外。想不到，刚把蛇端出洞口，晴朗的天空立刻风雨大作，电闪雷鸣。财主十分害怕，连忙买来五谷，在洞口祭拜。当夜，水洞狂风大作，据说是小白蛇重新回到了洞中。

水洞还有一个小名儿叫"谢家崴子"。在辽东，老百姓把山水转弯的地方叫"崴子"。传说，在康熙年间，村里有一位叫谢老疙瘩的农民，被债主逼债，跑进了黑黑的洞中，躲过了灾难。从此，这里便被称为谢家崴子村，而水洞就被称为"谢家崴子水洞"了。

谢家崴子的孩子们，小时候常常到洞口来玩，如果不小心磕破了，他们会把洞口的小块钟乳石砸碎糊在伤口上止血消炎。

凡是见过瀑布的人，都会被壮观的景象所倾倒，右前方展现在眼前的就是洞中典型的石瀑布。您看它一泻千里，真可谓"飞流直下三千尺，疑是银河落九天"。

【虎闸门】

前方进入九曲银河的第二门——虎闸门。

请看上方这块岩石，像不像一只凶猛的老虎正张开血盆大口，令人毛骨悚然？但您不要害怕，右前方的白衣使者就是驯虎师。他会让我们安然无恙、畅通无阻的。

老虎守在这里的使命，是怕洞里的美景私自跑出去。连天上的七仙女都动了凡心下凡，谁敢说水洞的美景不思凡尘。看来，派一只老虎守在这里，是绝对必要的。老虎的脾气大家知道，连屁股都摸不得，哪个美景想贿赂老虎逃出洞去，门儿都没有。

前方悬挂的这把剑，我们称其为"滴水剑"。在水洞内有许多像宝剑的奇石，我们之所以一定要提滴水剑，一是因为无论是多雨还是干旱，它总会滴下水来；二是因为它生长的速度很快，也许再过若干年，将会成为洞内的钟乳之王。滴水剑是水洞未来的明星，是"水洞好声音"大赛的第一名。

在这里不能不给大家介绍一下斜塔。我们知道，世界上最著名的斜塔是意大利的比萨斜塔，始建于1173年，倾斜度约10%，即5.5°；而现在大家看到的这座洞中斜塔，倾斜度为45°，远远超过了比萨斜塔。它歪歪斜斜，将倒未倒，别有一番风趣。不知道它是喝多了，还是在练什么绝妙的武功呢？

游船现在来到的是九曲银河最长的一峡——玉象峡，它的长度大约700米。这里有九曲银河最大的一弯——之字弯。这里也是暗河水最深的地方，水深7米。李白曾经有诗："桃花潭水深千尺，不及汪伦送我情。"今天我也想给大家写句诗："之字湾水深七尺，不及导游送你情。"

【天桥】

这里最奇、最绝的景点是"天桥"。

请大家看，上方横跨银河两岸的巨石，它上不接洞顶，下不连水面，像一块岩石筑成的石拱桥，一桥飞架，天堑变通途。这样的石拱桥在露天多见，但在洞中却是绝无仅有的。

刚才我们在河的左岸看到了一个"织女石"的景点，它在翘首盼牛郎。在河的右岸看到了一个"牛郎背子"的景点，他祈盼与织女相会。我们把天桥、织女、牛郎三个景点的组合叫作"鹊桥相会"。

民间常说，人间年年七月七，天上牛郎会织女。那么，牛郎和织女在什么地方相会呢？今天在水洞里，我们找到了答案。

一年里，有许多话要说，这一天能说些什么？一年里，有许多爱要表达，这一天能做些什么？或许，只来得及掸去丈夫衣角的灰尘；或许，只来得及擦去妻子眼角的泪滴。所以，相会之后，牛郎和织女依旧恋恋不舍，一个不愿回到天上，一个不愿回到人间，就守在水洞的天桥边，等待明年的相会。这是一个爱的故事，一个爱情的童话。

从这个景点走过，各位一定要拍一张照片，导游也给你们留下两句祝福："相恋的情人，祝福你们把疼爱给予你的恋人；相知的夫妻，祝福你们把牵挂给予你的伴侣。"牛郎和织女的故事告诉我们，没有什么比相爱的人携手在一起更幸福、更快乐。让我们珍惜平凡的日子、普通的生活吧！

【北极宫】

刚从一个情感的童话和温暖中走出来，我们便来到了一个冷冷的冰雪世界——九曲银河的第五宫北极宫。

北极宫是九曲银河中最大的一宫，高 38 米，宽 50 米。如此宏伟的洞道，主要是由于洞顶的岩层块状崩塌，使空间增大所致。

右前方是"昆仑映雪",又名"大雪山"。它万里雪飘,巍峨雄伟,一望无垠,是洞中最大的列队式堆状石笋。它的形成主要受脉岩(大裂隙)的影响。洞顶呈暗褐色条带的就是脉岩,因脉岩不透水,地下河受阻,要穿过脉岩,就对脉岩周围的岩石产生大的破坏,导致块状崩塌下来的岩块沿东西向分布。后来,因埋藏于包气带中的地下水沿灰岩与脉岩的边界集中渗入,在其岩块上形成钙板,故沿分界线形成列队式堆状石笋。

驶过"大雪山",又是一洞天。

【玉女宫】

前方是九曲银河的第六宫——玉女宫。

左前方银河中有一石笋,像一位少女,亭亭玉立、楚楚动人。她面带微笑地看着游船从身边驶过。

前方的岩壁上有一石笋,它银光闪烁、玲珑剔透,显然是一件宝物。这就是观音菩萨装有生命之水的"白玉宝瓶"。

大家现在一定想知道,美丽的水洞是怎么形成的呢?

其实,远在古生代奥陶纪,也就是4.5亿年前的时候,本溪这个地方还是一片浅海,大量的石灰岩沉积下来。在以后的过程中,经历了5次剧烈的地质构造运动,尤其是7000万年前的燕山造山运动,本溪不仅由浅海变成陆地,而且在沉积的石灰岩中产生了大大小小的裂隙。含有二氧化碳的水随着裂隙流进来,不断溶解石灰岩,成为碳酸氢钙,使裂隙变大并成为洞穴,日积月累,终于形成今天的本溪水洞,这就是"喀斯特现象"。喀斯特是前南斯拉夫的高原,溶洞景观非常多,科学家研究之后,就称石灰岩溶洞为"喀斯特溶洞"。

【源泉宫】

现在游船进入了九曲银河的最后一宫——源泉宫。

源泉宫,是本溪水洞已经开发部分的句号了。地下暗河中的流水由此涌出，形成水的世界。这里的景观表现出两大特点：一是"壁泉"。您看这岩壁上都在向外流水，每逢雨季，水量变大，时而飞瀑直下，时而潺水如注。每逢夏季，它也泠泠淙淙流水不止。二是"滴水莲花"。这莲花是生长在洞顶的钟乳石，呈圆形。其中央就是向下滴水之处。有时滴水如注哗哗不止，有时断断续续叮咚作响，宛如一朵沾满露珠倒垂的莲花。

源头前方仍有暗洞存在，长约3000米，比现在的水洞还要长。为确认水洞源头延续暗洞开发的可能性，水洞管理处会同中科院地质研究所，邀请法国洞穴探险联盟潜水队，于1997年对洞内源头延续情况进行了科学考察和探测。经过近两个星期的探索发现：延续暗洞均形成于寒武系；洞内发育有少量的石钟乳，偶见"鹅管"数根，长5厘米左右；河底淤泥较多；见到许多长约20厘米的鱼，体扁，有须，当地人称柳根鱼，还有泥鳅；发现有动物爪痕，爪距10厘米，推测为水獭；还发现了蝙蝠的骨头。

在探测676米处，潜水队员认为不宜继续入潜，原因有二：一是水浑，无法返回；二是空间太窄，不易固定安全绳，而且安全绳拉得太长，容易缠绕，危险性较大。大家看，固定在岩壁上黄色的细绳，即是潜水队员为返回时寻找方向而设置的安全绳。

此次洞穴潜水探测，不仅创造了中国洞穴潜水探测的新纪录，而且也可能是东亚的纪录。

【水洞之谜】

现在，我要告诉大家水洞几绝的答案了。

水从何处来？

洞中水每昼夜的流量为14000立方米。如此之大的水源究竟是从哪里来的呢？1996年，通过示踪试验及同位素水文学研究证实，洞中水主要源于本溪县境内的小汤河。它与上游的地表水、一部分地下水汇合到一起，由银波洞和旱洞的潜流洞流出，汇入本溪人的母亲河——太子河。也就是说，水洞中水的来源有三：一是汤河水的直接补给；二是汤河河床覆盖层下的奥陶系灰岩含水层的岩溶水补给；三是水洞两岸的寒武系、奥陶系灰岩含水层的岩溶水补给。

风从何处来？

当在幽深的洞中返航时，会感到清风拂面，凉爽宜人。这微风从何而来？也就是说，洞中空气来源于何处？据科学家测定，洞中空气来源有三：一是从水洞和泄水口进入洞内；二是通过岩石裂隙进入洞内（北极宫大裂隙）；三是伴随渗水进入洞内。空气受气压温差的影响产生流动。由于洞身又高又大，洞内空气与洞外空气已形成一个周而复始循环不已的风带，源源不断地供给洞中新鲜空气。

高纬度地区为何会出现水洞？

本溪水洞位于北纬40°18′，在这样一个高纬度的地方形成这样大的溶洞实属罕见。本溪地区现已发现岩溶洞穴200多处，主要有本溪水洞、望天洞、天龙洞、九鼎铁刹山八宝云光洞等，岩溶地貌景观发育极好，这对相对缺雨少水的北方地区来说尤其罕见。其中，以本溪水洞景区最具美学观赏价值和科学研究价值。

水洞还在生长吗？

岩溶洞穴的形成可划分为三个阶段，即早期的潜水洞阶段、中期的地下水位洞（半充水洞）阶段和晚期的完全脱离地下水位的旱洞（又称化石洞）阶段。本溪水洞正处于中期阶段，按钟乳石的发育期还是青年。也就是说，本溪水洞是一个还在生长的水洞，是一个活的有生命的水洞。女大十八变，水洞都40多万岁了还在变，真是让人羡慕、嫉妒死了。

洞内温度是恒温吗？

洞内的温度常年保持在12℃。盛夏，洞外烈日炎炎，洞内却凉风飕飕；寒冬，洞外雪花纷飞，洞内却温暖如春。我们评价一个人的淡定，说他不以物喜，不以物悲，这常常难以做到。而水洞真正做到了不以天冷而冷，不以天热而热。

本溪水洞是一个美丽的地方，如人间天堂；这是一条生动的河流，让一群润石面向地心生长。现在，我们看到的是银河洞中的两处泄水口：一是银波洞；二是左下方的泄水洞。在这里，我们可以听到地下河水向下流动的声音，訇然作响的水涛声是一种留恋、一种不舍，也是一次告别，洞中水由此泄入潜流洞，再由潜流洞流回到它自己的家——太子河。尽管我们没有看到水洞的水是从哪里来的，但是我们却看到了水洞的水向何处去了。

现在，我们要和本溪水洞说一声再见了。欢迎各位朋友再来本溪，再来本溪水洞！

关门山国家森林公园

各位游客:

大家好! 欢迎来到关门山国家森林公园观光游览。我是导游员××, 我将竭诚为大家服务。

也许, 您曾慨叹黄山的神奇、华山的险峻和泰山的雄伟, 但如果游完关门山, 我想您一定会被这里迷人的自然风光和淳朴的民俗风情所吸引。这里 310～1234 米的海拔会让您感慨山之巍巍, 尽情享受"无限风光在险峰"的乐趣; 3517 公顷的面积会让您想象的空间无限延伸, 尽兴而游; 95% 的森林覆盖率更能让您体会到莽莽森林中甜丝丝的空气、满眼的绿色及清清的河水。

来到这里您会看到从未见过的美景, 听到闻所未闻的美丽传说, 喝上从未喝过的清冽甘甜的泉水, 吃上从未吃过的享有盛誉的满族佳肴。人们都说: "来到关门山, 走在画中间, 五步一处景, 十步一重天。千姿百态风光好, 画中人醉画中山, 早知关门山色好, 何必千里去江南。"

关门山国家森林公园共分为五大景区, 即小黄山景区、夹砬子景区、龙门峡景区、月台子景区和鸣翠谷景区。下面我给大家介绍两个景点。

【夹砬子景区】

现在, 我们正行驶在夹砬子景区, 该景区又名"天趣谷"。在这里，您可以看到山花烂漫、听到百鸟争鸣，仿佛步入了一个有声有色的童话世界。这里的主要景点有碧波荡漾的五彩湖、陡峭秀丽的宝塔峰、栩栩如生的雄狮镇岳等。

现在我们来到了五彩湖。它是 1998 年修建的人工湖，平均水深 3.6 米。最深处 7.5 米。为什么叫五彩湖呢？原来，每到秋季，黄的柞树、绿的青松、红的枫树倒影映衬在水波中，呈现出五彩缤纷的颜色，故名五彩湖。这里青山隐隐，绿水悠悠，远山、近树、飞鸟倒映水中，呈现出鸟在水中飞、鱼在天上游、树在水中生、水在林中流的奇妙景象，游人至此如步入人间仙境。

坐在车上，大家就可以感到空气质量特别好。因为植物能分泌出一种强力的杀菌物质，叫杀菌素，能有效地杀灭空气中的病菌和病毒。因此，在森林覆盖的地方，空气中病菌病毒的含量约是城市的 1/80000。

现在请大家朝右侧看，这个独立的山峰叫作宝塔峰，因其外形酷似宝塔而得名。它还有一个神奇的传说：相传远古时期，关门山被一妖魔所控制。它无恶不作、欺压百姓，于是玉皇大帝便派托塔李天王下凡降妖除魔。李天王用玲珑宝塔收服了这个妖怪，将其压在山下，从此这座峰就叫"宝塔峰"。

伴随着神奇的传说，我们马上就要到达雄狮镇岳了。雄狮镇岳面山壁立，两个大的三角形是雄狮的眼睛，中间凸起的鼻子，下面小三角形是嘴。它就像雄狮一样镇守关隘，要不人们怎么说关门山是"一夫当关，万夫莫开"呢！

关门山还是一座天然的聚宝盆。山下生长着上百种中草药，有人参、辽细辛、五味子、龙胆草、黄芪等。人参具有滋补强身、恢复健康等功能；辽细辛具有祛风、解热、镇痛的作用；五味子可以安神补脑、治疗失眠及慢性肝炎。

说到水呢，请大家向左下方看。这景点叫"玉湖银帘"，河水漫石过隙，顺流而下，断落处银光点点。偶尔可见游鱼逆流而上，跃出水面。

【月台子景区】

现在我们乘车继续前行到下一个景区——月台子景区。请大家先听我介绍关门山的"五美"。

关门山的"五美",即山美、水美、树美、花美、雾美。山美:山峰拔地而起,峰顶松姿绰约、怪石林立,宛若天造地设的巨型盆景;水美:河水穿林绕麓、潺潺有声,鱼儿游弋沉浮,充满了诗情画意;树美:树木繁多,千枝竞秀,尤以枫林秋色最为动人情思;花美:漫山遍野的映山红,开满山峪的野杜鹃散发着洋洋春意,尤以本溪市市花天女木兰最为著名;雾美:晨昏雨后,雾气弥漫,置身其中,宛若瑶池仙境,又如九重洞天。

现在我们进入月台子景区,它是主要的枫叶观赏区。本溪每年都举办枫叶节,它是本溪走向全国、走向世界的桥梁,也是本溪旅游业蒸蒸日上的窗口。关门山的红叶动人情思、备受赞誉。每逢秋季,万山红遍,层林尽染,红红火火的枫叶也会使您的思绪随之荡漾,让您不由得想起这样一首诗:"萧萧浅绛霞初碎,槭槭深红雨复燃,染得千秋林一色,还家只当是春天。"

伴随着诗的优美,我们来到了月亮湾。

现在展现在我们面前的是森林浴场。您可以漫步林中,在石椅上小憩、在秋千上放歌,寻找儿时的乐趣。右边这一片又高又直的是日本落叶松,又细又矮的是长白落叶松。长白落叶松属于长白植物区系,原产于中国长白山一带;日本落叶松属于东亚植物区系。

现在请朝左侧看,那棵长在石头上,姿态飘逸的枫树就是关门山森林公园最美的枫王,它就像盆景一样风情万种。为什么叫枫王呢?因为它红得最早、落叶最晚,色彩最鲜艳、姿态最飘逸、角数最齐全。关门山的枫叶分为三角枫、五角枫、七角枫、九角枫、十一角枫和十三角枫。其中,十一角枫和十三角枫的枫叶为世界枫叶的珍品,如果哪位游客找到这两种枫叶就会好运连连。俗话说得好，保护自然资源，益寿又延年。一片枫叶难永远，心灵感悟方永恒。

除枫叶外，关门山还有很多其他树种。人工林以落叶林、红松为主，天然林以柞树为主。这里共有森林植物148科921种。其中，木本植物47科244种，草本植物92科650种，蕨类植物9科27种。树木本身就是大自然的艺术品，树木之美除其固有的色彩、姿态、风韵外，还能随着季节和年龄的变化有所丰富和发展。欧阳修曾经在《醉翁亭记》中就赞美大自然的树木景观，他说："朝而往，暮而归，四时之景不同，而乐亦无穷也。"

现在我们到达终点绿荫山庄，再往前行就是刚开发的鸣翠谷景区了。请大家下车慢慢欣赏。

关山湖景区

游客朋友们：

大家好！欢迎您来到关山湖景区观光旅游。

"关山湖"是关门山景区的核心景区，是"关门山原址"所在地，素有东北"小黄山""小桂林"之称；是"全国枫叶之乡——本溪县"唯一集"山、水、枫、湖、船"为一体的自然风景名胜区；是"国家水利风景区"。"关门山水库大坝"是我国第一座混凝土面板堆石坝，它的建成开辟了我国现代筑坝技术的新纪元；中加合资建设的"鲑鱼湾"为世界直径最大的罐体淡水三文鱼养殖基地。

关山湖景区面积 30 平方公里，水面 5600 亩，森林覆盖率达 85%，平均湿度 78.5RH%，负氧离子每立方厘米 3 万个左右。风景区内分为颐祥游乐园、红叶湖游船观光、竞秀峰登高揽胜、碧泉谷密境探险、枫花岛环湖寻幽五大景区，设 50 多处景点，有"金蟾池、龙苑、叟之石、白鼠仙洞、枫林渡、五子登科、枫神、蛟龙潭、龟寿峰、听弦瀑、揽胜台"等。还有 10 多个娱乐项目，乘船游湖、皮划艇、竹筏船、登山、篝火、烧烤、练歌场、房车露营；并增设了"高空玻璃漂流、彩虹旱滑、玻璃桥、瑶池观景平台"等项目；彰显"乘船、登岛、环湖、赏枫、攀峰"和"船在水上、人于画中、湖枫相映、情境两忘"的独有特色。

"关山湖"宛如一块绝美碧玉镶嵌于山水画卷之中，四季境幻，犹若瑶池仙境：春来，青山碧透，惠风和畅，登岛入林，感受天然氧吧的温润；夏至，湖光山色，曲水流殇，环湖漫步，领悟避暑胜地的绝妙；秋临，枫红漫山，山水掩映，游湖赏枫，激发尽收眼底的情怀；冬莅，银装素裹，分外妖娆，戏冰雪观冰瀑冬钓，找寻冰封雪飘的乐趣。其"山、水、雾、花、枫"之五美体现得淋漓尽致，难怪游人会发出"不到关山湖，枉为关山客"的慨叹！

【颐祥游乐园】

颐祥游乐园占地面积 800 余亩，包括关山湖宾馆及办公区、当地特产商业区、美食广场、儿童戏水娱乐区（有水上电瓶船、皮划船和竹筏船体验区）、玻璃高空漂流、彩虹旱滑体验区、白鼠仙洞祈福纳祥区。景区内运动娱乐项目种类丰富，服务配套设施齐全，是集商旅购、娱乐游、吃住行于一体的综合功能区。

【关山湖玻璃高空漂流】

关山湖玻璃高空漂流，由玻璃滑道和自然漂流两部分组成，玻璃滑道悬浮高度、弯道急度、娱乐强度整体设计目前位居全国第一。皮筏船沿着透明悬空滑道穿梭在林尖之上，漂荡悬浮于空中，体验脱离尘世之美。弯道之多，感受美景上演激情，惊心动魄挑战自我欲罢还休。进入自由漂水域宛如蛟龙探海，河谷里鸟语争鸣，嘤嘤成韵，从水面观看玻璃桥上人流如梭，仿佛行走在蓝天白云之间，河水击石，叮咚作响，白鼠仙洞香雾缭绕，荡舟河上宛如飘动的五彩祥云，为您增添了神奇的色彩与无限的欢乐。

【关山湖玻璃栈道】

关山湖玻璃栈道由迎仙桥、仙缘栈道和瑶池观景平台组成，其中迎仙桥桥面采用玻璃铺设，全透明高空跨水桥。行走在桥上，置身于山水之间，瞬间感到挣脱凡尘，融入大自然的怀抱，看水面波光淋漓，望高山峰峦叠嶂。通过玻璃桥便可步入仙缘栈道，节节攀高，步步惊心直达瑶池观景平台。瑶池观景平台坐落于关门山水库坝一处奇峰之上，人们在享受美景的同时又增添了几分惊险。踏上的人会为自己的勇气自豪，上不去的人也会为自己的胆怯而懊恼。往下看湖水波光粼粼，青山绿水人欢鱼跃；金秋时可看山石林立，红叶似火，远观湖光山色，奇峰峻岭一览无余。

【关山湖彩虹旱滑】

彩虹旱滑，位于颐祥游乐园东侧竞秀峰脚下，占地 2 万平方米，滑道长 200 米，宽 12 米，可同时开放两个滑道，滑道采用特殊树脂合成材料及先进的工艺生产铺设而成的人造雪道（晶雪技术），模拟冬季天然雪场的形态和滑度，为广大爱好者打造不限季节、地域，全年皆可享受"雪场"所带来的刺激与乐趣。

【红叶湖景区】

红叶湖景区占地 5600 余亩，建有关山 1 号码头、关山 2 号码头，置身于蓝天碧水之间犹如畅游在仙境中。红叶湖两岸植被茂盛，峰秀树奇，湖泉相融，水质清澈，风光奇美，堪称"咫尺仙凡通有路，自与人间景不同"的奇妙景色。乘船游览可观赏神斧开屏、龙首山、小浪屿、碧潭一柱、迎仙碧、凌波崖、鲑鱼湾、木石缘、金鱼湾、鳄鱼头等景点。乘船游览湖光山色，置身碧波轻舟之上，高峡平湖之中，湖中岛屿俊秀，苍松青翠欲滴。远方绵绵青山，青泉与奇峰怪石相互映衬，既可欣赏大自然的鬼斧神工，又能感受绿水青山的惬意。

【竞秀峰景区】

竞秀峰景区海拔 468 米，全程约 2.6 公里。登山游览您会领略远离闹市的喧嚣，独享蓝天碧水，别具特色的燕东山水画卷。竞秀峰犹如一条蜿蜒盘卧的长龙，忽上忽下，忽左忽右。"情侣树""小天柱""天风峡""听风谷""卧龙崖""揽胜台""摩云顶"等一个个充满传奇色彩的景点，有机地串联在一起，浑然天成，各展异姿，体味天造地设和鬼斧神工。特别是"卧犬石""恋榆石""回归石"以及"天桥""巨蜥筑巢"等奇石妙树，让您尽享天公造物之神奇。

【碧泉谷景区】

碧泉谷景区是未开发的神奇处女地，全长5.6公里，因地势奇特又称为"夹砬子沟"。"听弦瀑""知音桥""抚琴台""靖宇营""风雨洞""龟寿峰""三生缘""通胜峡""龙脊峰"等景点，让您会别有一番"钟情自古多神会，一肩挑出四季春"的奇思幻觉。这里有花团锦簇的青山、映照蓝天的碧水、神奇秀美的悬流飞瀑，是一幅人间难得的奇美画卷。

【枫花岛景区】

枫花岛景区全程4.5公里，山道曲折深长，美景变幻无穷，忽而极狭通人，忽而仰天俯地，忽而小鸟栖息，忽而松鼠跳跃。漫步栈道，道路两旁枫林似火，万紫千红。"白桦林"白中盈洁，挺中显秀，堪称关山佳境。"三龙泉"吸自然之精华，四季涌出，清澈甘甜，故称龙泉圣水。"许愿树"奇在五树同根，但又各自生长，枝繁叶茂，寓意五子登科实现美好愿望。"红枫林"层林尽染，关山万花皆落尽，独有红叶烧，堪称关山最美。静心观赏湖面风光，使人心动神驰，奥妙无穷，乐而忘返。

岁月沧桑，关山湖从古至今演绎出"白袍将薛礼镇守关门峡（关门山原址）、白鼠仙打洞（白鼠仙洞）送粮救军民、二龙戏珠勇护仙女、刘海戏水金蟾池"等许多神奇而美丽的传说，更有东北抗联英雄杨靖宇、宋铁岩及本溪县人邓铁梅、苗可秀、黄拱宸等在此地奋勇抗击日寇的英雄传奇……

关山湖景区高峰期日接待游客1.5万人次，年接待游客达30万人次。景区宾馆可同时承揽120人用餐，接待140人住宿。关山湖宾馆设有双标间、榻榻米房、大床房，提供24小时热水、无线Wi-Fi。宾馆环境温馨舒适，服务热情周到。关山湖餐厅环境优雅，菜品齐全，特聘高级厨师主厨"关山湖宴"，有全鱼宴、羊汤宴、烤全羊宴、杀猪大菜宴、三文鱼宴等特色美食。

关山湖景区秉承"游客第一、服务至上"的理念，是观光旅游、避暑度假、户外探险、拓展训练、房车露营、商务会议、休闲娱乐、祈福纳祥的理想圣地！

关山湖景区欢迎您的光临！

铁刹山森林公园

各位游客：

　　大家好！欢迎您到铁刹山森林公园观光游览。很高兴能够和各位朋友共同游览铁刹山森林公园。旅途中，我将竭诚为大家服务，同大家一起度过这段美好、愉快的旅游时光。为了使您对铁刹山有更多了解，在游览之前，我先向大家简略地介绍一下铁刹山森林公园的概况，使大家在宏观上领略铁刹山森林公园的独有风韵。

　　铁刹山森林公园位于本溪满族自治县境内的田师傅镇，距本溪市80余千米。铁刹山属于长白山余脉，方圆10多千米。铁刹山森林公园风光秀美、景观奇特。公园内山势险峻，峰峦叠嶂，森林景观可谓绚丽多彩，四季景色各异。

　　铁刹山为东北名山，更以东北道教的发源地和东北道教的祖庭而蜚声中外。自道教全真道龙门派第八代祖师郭守真在此山修炼收徒布道开始，铁刹山便涂上了浓厚的道教名山的色彩，至今已传至25代，道教历史近400年。

　　铁刹山历史传说非常久远，商周时期的长眉李大仙曾在此开山布道，并得道成仙。古代小说《封神演义》《金陵府》中都有关于此山的记载，有"铁刹三千年"的盛名。

　　铁刹山中茂密林木、众多摩崖石刻、峰岩洞穴景观和优美传说故事交织在一起，无不流露出浓重、悠久的历史文化内涵，优美的山光水色和宗教的浓郁色彩相互辉映，使来此游览的客人无不感受到乐的陶醉、美的享受。

铁刹山，又称为九顶铁刹山，其主峰只有五座。它们是北峰真武顶、南峰灵宝顶、东峰玉皇顶、西峰太上顶和中峰原始顶，因从东、南、北三面仰视均见三顶，道家取其"三三见九"之意，故名"九顶铁刹山"。此外，还有香炉峰、狮子峰、南天门、北天门、青阳紫气岭、瑶池金母岭、来龙岭、映壁山等，都较诸顶为低。其主峰原始顶海拔700多米，山周长20余里，太子河奔流其北，八盘岭拱卫其南，真可谓"峰峰岭岭数不尽，绝顶凌空好风光"。五顶中以原始顶、灵宝顶最险，也最美。

作为森林公园，当然植被丰富。现在大家可以看到道路两旁繁茂的树木。这里共有森林植物148科921种，其中木本植物47科244种，草本植物92科650种，蕨类植物9科27种。珍贵树种有黄菠萝、水曲柳、刺楸等，我们现在经过的就是人工培育的白木胡桃林。山中还有很多野生动物，如陆地脊椎动物61科187种，其中鸟类37科131种，兽类15科37种，两栖类5科9种，爬行类4科11种等。

铁刹山不但峰岩奇特、植被丰富，而且山上岩洞众多，各有特色，诸如云光洞、天桥洞、乾坤洞、风月洞、悬石洞、郭祖洞、云仙洞等，它们中很多与道教文化密切相关。诸洞中，以云光洞最大，最有名气；天桥洞最险，游人难以进入。

朋友们，现在我们已经来到云光洞前。大家看：洞口岩壁上刻有"九顶铁刹山，八宝云光洞"10个大字。字迹苍劲有力，为古洞增色。

洞内平行斜上，深约20米，宽7～10米，入口处高3米，最高处8.9米，洞内两侧各有一小洞。

请大家随我进洞，注意脚下安全。洞内有"八宝"，是人们将洞中壁石依其形状而命名。在洞口，我们先可看到一石如珠，大可盈尺，名为"定风珠"。《封神演义》中，周武王伐纣时，派遣宜生、晁田到铁刹山向长眉李大仙借"定风珠"破"十绝风吼阵"

的宝贝便是此物。洞内正顶是"石寿星",高3尺有余,其形象为两手扶膝,俨如画像。大家再看:东夹壁洞内原有"石虎"蹲踞,"石木鱼"中空,敲之有声。洞顶原有的"石莲盆""石龙""石仙床""石蟾"等,总称为"八宝",可惜一些毁于"十年动乱"中,今仅存残迹。原来洞中还有8尺石庙3座、铜像6尊,今亦无存。唯一尚可看到的就是洞中的一小水潭,水质清冽,冬夏不涸,人称圣水井。

下面,我们再到天桥洞一游。

天桥洞位于云光洞之上。大家看洞外峭壁如削,十分险峻。原有一铁板桥,长丈余,宽仅容足,依壁跨涧方可入洞,游人多不敢渡。传说此洞即为长眉李大仙面壁修炼之地。

铁刹山不仅洞多,摩崖石刻也非常丰富。除每洞的刻石外,以《重刊长眉李大仙碑文》最长。碑中记载李大仙名长庚,商朝太乙年间人氏,25岁云游辽东,在云光洞、天桥洞修炼布道,在天桥洞羽化登仙云云,碑文中还记有《封神演义》中借定风珠的神话故事。

此外,主要摩崖石刻还有:太上顶绝壁的"直上青天""避仙谷""西聚仙台"等;原始顶的"一览众山小";云光洞上的"夜诵黄庭有月来";天桥洞的"铁刹山是山海关以东道教始兴之地"等。

朋友们,下面休息20分钟,大家可以选择自己满意之处摄影留念。

绿石谷景区

游客朋友们：

　　大家好！有一首诗这样形容绿石谷的风景："春山吐翠杜鹃红，夏赏绿石听涛声，秋霜雾照红枫染，冬雪尽融温泉中。"欢迎您到本溪绿石谷景区旅游观光。

　　绿石谷景区位于辽宁省东部山区本溪满族自治县境内，距本溪县县城35千米。紧邻以温泉闻名的汤沟风景区，是长白山系千山支脉的精华部分，景区面积约2100公顷。主要分为财神顶、红霞落谷、吉象喊瀑、狐仙祠等六大景区。

　　"绿石谷"名字的来历在当地流传着一个美丽的传说。相传，元末明初，辽阳都指挥使叶旺奉旨招讨元朝残将，半路遇伏，独身逃亡到此。恰逢谷中红叶遍地，枯枝不遮，叶旺浑身绿色袍服尤为显眼，危难关头，一位宝相庄严的仙女降临施法，顷刻间青苔遍山，满目葱翠，叶旺借以逃过一劫。后于此处修祠立像，奉仙女为绿石娘娘，以报当日救命之恩，绿石谷便由此得名了。

　　绿石谷是国家AAA级景区，国家二级鸟类保护区。景区内植被完好，物种丰富，森林覆盖率高达98.5%，每立方厘米空气所含负氧离子可达6.6万个，能显著改善人类呼吸系统功能。同时，独特的溪谷类地质构造和高森林覆盖率，让这里平均气温常年低于周边地区8℃～10℃，是名副其实的天然氧吧和避暑胜地。这里有种类繁多的枫树种群，更有亚洲最大的苔藓石群，远观如珍赏盆景，近看如置身仙境。火树绿石的别致秋景早已成为绿石谷最精美的旅游名片，让全国游客心生向往。下面请随我去领略绿石谷独特的魅力吧！

【琴台】

步入绿石谷景区，首先映入眼帘的便是琴台。琴台是人工修建的景观建筑，整体布局精致，造型古朴，充分运用了中国古典园林设计中"借景"的手法，将四周山水与石台角亭融为一体，移步换景，互相映衬，开门见山，意境深远。

在这里纳凉小坐，感受松涛阵阵，神秘空灵，溪水淙淙，悦耳动听，置身琴台不见琴，但闻山水有清音。

琴台修建在这儿，正是想借高山流水遇知音的典故，来表达绿石谷于巍巍高山、淙淙流水中谱奏一曲天籁，静候知音到来。

【财神顶】

游客朋友，您左上方的这座山，峰高 812.8 米，因山顶上的一块岩石形似中国道教文化中的财神而得名"财神顶"。相传，古时这座山脚下曾住着一个生活窘困的樵夫，他为人仗义，经常接济比自己更穷困的百姓。一日，樵夫上山砍柴，疲劳时于林间小憩，梦中一位老者乘金光而至，对樵夫的勤劳善良赞赏有加，决意授他生财要诀。樵夫醒后，发现自己竟睡在了一块酷似梦中老人的岩石旁，于是按老人所授之法，果然过上了富足的生活，成为远近闻名的大善人。不难看出，民间传说倾注了当地劳动人民的朴素情感，寄托着安居乐业、大吉大利的美好心愿。您不妨沿路而上，领略山间风景的同时，留下一份期许，带走一份好运。

【转运潭】

沿路而来，可见一方浅池，波光粼粼。这处名为转运潭的小池，是绿石谷景区专门为游客朋友修建的几处赏鱼池中的一个。目的是您登山乏累之时，放松身心，劳逸结合，赏景戏鱼时也希望一池锦鲤给您带来好运。

【杜枫坡】

"枫掩杜鹃花似海，绿谷含情会嘉宾。"游客朋友，您现在正置身于财神顶景区的杜枫坡上。这里每到春季，漫山遍野的杜鹃竞相开放，枝枝坠锦，朵朵流霞。花影重重间，蝴蝶嬉戏，蜜蜂相逐，热闹不已。待到雨季到来，飘落的花瓣顺流而下，像一艘艘远航的小舟，灵动跳跃，足以让人忘却一切烦忧。让人联想到宋代词人赵师侠的那首《醉桃源》中所描绘的那般："杜鹃花发映山红。韶光觉正浓。水流红紫各西东。绿肥春已空。闲戏蝶，懒游蜂。破除花影重。问春何事不从容。忧愁风雨中。"

【财源滚滚】

"灵山多秀色，空水共氤氲"，您面前这处瀑布，清澈的溪水自山腰处欢畅地流淌而下，每至丰水时节，山脚下珠玑四溅，水气迷蒙，加之特殊的光照条件，激散的水珠熠熠生辉，如同万斛晶珠，倾倒而出。因此，当地百姓称这处瀑布为"财源滚滚"。坊间还流传着"看看财源滚滚，必定金银满身"的说法。

宋代词人王观曾有"水是眼波横，山是眉峰聚，欲问行人去那边？眉眼盈盈处"的名句，您不妨也走进这山水相依、眉眼盈盈之处，在感受自然奇妙的同时，也祝您财源滚滚，福运频频！

【红霞落谷及观凤台】

红霞落谷景区是绿石谷中最主要的枫叶观赏区，这里因枫树数量庞大、种类丰富、色彩斑斓而独树一帜。每年9月下旬至10月下旬，新霜初试，秋意渐浓，枫叶进入泛红期，这里便如明代诗人柳应芳所述——"萧萧浅绛霜初醉，槭槭深红雨复然。染得千林秋一色，还家只当是春天"，红霞落谷便因此而得名。景区内，沿栈道缓步而上，便可以来到观风台上，在这里极目远眺，大好风光尽收眼底。对面一棵造型奇特的松树，树展姿态优美，神韵外露，像极了一只高贵皓洁的凤凰，悠然自得，顾盼生辉。偶尔一阵风吹过，它随风轻轻摇曳，更是栩栩如生。

【甜泉】

游客朋友，您面前的这处泉水，因水质清澈、味道甘冽而被当地人称为"甜泉"，以往多作为当地人进山狩猎、采摘的歇脚之地。甜泉属于地质学上的冷泉，因大气降水渗漏地下，遇侵入岩体阻挡，承压水出漏地表而形成。富含钙、钠、钾、镁、铁等多种人体所需矿物质，是泡茶酿酒的优选水源之一，当地常有茶农到此汲水煮茶，真正是"泉从石出清亦冽，茶自峰生味更圆"。

【红运岩】

红运岩是由岩石断裂形成，整体嶙峋突兀，断裂处却光滑平整，犹如刀切，造型尤为奇特。被发现它的山民们赋予了添置彩头的功效："摸摸红运岩，好运在眼前"的吉祥话便流传开来。

而这个"红"字也并非失误所致，而是一语双关，既代表着这里红叶满山的诱人景色，又蕴含着红红火火、鸿运当头的吉祥寓意。您不妨也摸一摸红运岩，带走一份好运。

【鸿运瀑】

前方这处瀑布景观就是绿石谷景区"三沟九瀑"中最别致的鸿运瀑了。溪水如同过隙白驹在布满青苔的石间腾挪跳跃，欢快流淌，仿佛一颗颗圆润翡翠镶嵌于柔滑剔透的白绢之上，搅起一晕晕旖旎的水皱。因时节水量的不同，鸿运瀑时而水帘悬挂，时而喷珠吐玉，不同时节都会吸引大批摄影爱好者来此取材创作。

"鸿运瀑"名字的由来，大抵也要归功于这些摄影爱好者了。鸿运瀑景色宜人，同时又暗合中国传统风水学布局。四周山峦连绵起伏，风水中代表人丁兴旺；溪水潺潺、水雾弥漫，暗示财源不断，源水长流；枫林披覆则象征了事业红红火火，家庭蒸蒸日上。留影于此，前有财路，背有靠山，也难怪被人们称作是鸿运瀑了。

【根深蒂固】

请看，那岩石背上一棵椴树如同一把小伞，向阳而生，生机勃勃。细看之下您会发现，因常年的雨水侵蚀和风化作用，这棵椴树的根系好像已经都裸露在地表之外，如同虬蟠纠结，交织缠绕，殊为奇特。其实，地表之下的根系更是盘根错节。据可靠推测，地表下根系体量大致和地表上树身体量等同，可谓是根深蒂固了。多年来岩石与椴树朝夕相伴，树为石遮阳挡雨，石为树滋养生息，不禁让人感慨"世间万物皆有情，一石一树知春秋"。

【吉象喊瀑】

游客朋友，您面前是绿石谷景区"三沟九瀑"中最受青年游客喜爱的"吉象喊瀑"了。原本茂密的山林，因长期受溪水冲刷而露出的地表岩层部分，如同郁郁葱葱的树丛里探头而出的大象，意态生动，憨态可掬。更为奇妙的是，当恋爱中的男女大声喊出心中所想，表达爱意时，象头便会流出涓涓细流，好像大象在为情侣间的呐喊传情送上真挚的祝福。您不妨也对着它一抒胸臆，尽情呐喊一番，喊出心中的愿望，让这头吉祥之象为您送上祝福。

【天枫】

天枫属于槭属植物，是目前东北地区发现的树身最粗壮、枫叶角数最齐全、树展姿态最优美的一株枫树，因此又被冠以"枫仙"的美誉。枫树是世界著名的观赏树种，在花语中代表热忱，象征着对往事的回忆、人生的沉淀、情感的永恒以及岁月的轮回。每到秋寒时节，天枫更是灼灼其华，如"扶凌波而凫跃，欲吸翠霞而夭矫"。

《山海经》曾载：黄帝杀蚩尤于黎山，弃其械，化为枫树。而枫仙在坊间也流传着相似的故事。大致是说，古时曾有妖兽为乱于此，此地山神体恤百姓苦难，前来降妖，激斗数日方将妖兽斩杀，自己却也重伤不支，化为枫树长眠于此。每当枫叶由绿转红，仿佛都是在讲述山神在此降妖，血染战袍的情景。其实枫叶由绿转红的原因，植物学家早已给出了解释。枫叶中含有一种叫花青素的特殊色素，能够在酸性液中呈现红色，随着季节更替，叶片中的主要色素成分随着气温、日照的增减而变化。秋天时，气温降低，光照减少，花青素大量形成，而枫叶的细胞液此时呈酸性，整个叶片便呈现出红色了。

如今当地百姓依然延续着古老的传统，来这里制作宝牒，祭祀祈愿，以求枫仙庇佑。

【红一角及游乐场】

红一角景区是绿石谷中最佳的枫林观赏区。景区内枫树多达百种，更有著名的中国红枫、羽毛枫、红翅槭等。因数量庞大，品种丰富，每到秋天，山谷内便是漫山红遍、层林尽染的景象。而由谷外望来，却因重峦叠嶂不得全貌，只窥得一簇火红，而得名红一角。山峰奇峭，千枝竞秀，尤以枫林秋景而在众景区中独树一帜。2016 年投资修建的红一角广场和儿童游乐场，集旅游、购物、餐饮、休闲娱乐于一身，让您全方位地放飞心情，全身心地与大自然亲密交融。

【寿星岩】

前方山崖上，一方岩石盘踞万年，亘古不变，便是寿星岩了。

我国传统文化中有"六长寿"之说为人所熟知，六长寿又称"长寿老人图"，图中有寿星岩、长寿老人、长寿水以及寿星树等。按佛经中所说，寿星岩曾经被无量寿佛加持，众生经过这里，能除去一切烦恼。长寿老人就住在寿星岩边，他眉发洁白如雪，一手持杖，一手捧桃。

我国著名国画家冯大中先生游至此处，饱受传统文化熏陶的他有感于岩石的意境奇妙，忽然福至心灵，提笔挥就一个"寿"字，后被拓印于岩石上，让寿星岩长寿之意更加圆满，堪称点睛之笔。

【寿星树】

树木是自然界中最古老、最长寿的物种之一。您面前这棵水曲柳，据专家考证，至今已有500年了，如今依然枝壮叶茂，生机勃勃，十分罕见。水曲柳是古老的残遗植物，属木犀科、梣属植物，渐危种，是国家Ⅱ级重点保护野生植物，具有很高的收藏价值及使用价值。同时，对于研究第三纪植物区系及第四纪冰川期气候具有重要意义。也正是因为水曲柳"身价极高"，近年来遭到过度砍伐，如此年代久远且一干多枝、造型奇特的古树实属罕见，堪称植物王国中的"老寿星"。当地百姓间还流传着"寿星树前趴一趴，健康长寿带回家；寿星树下走一走，无病无忧九十九"的说法。绿石谷中空气清新，水质纯净，物产天然，常居于此确实会强身健体、延年益寿。

【长寿泉】

绿石谷以石称奇，以水增秀，以奇秀闻名于远近。原住于此的山民，世代长寿且少有病患，究其原因：一是空气鲜，二是泉水甘，三是民风古。绿石谷四周青山连绵，乾象卓著，古木成林，空气清新，负氧离子稠密，常居于此可吐故纳新，洗心涤肺。

这处长寿泉便是山民们身强体健的第二大法宝了。相传很久以前，谷里住着一对药农夫妻，夫妇二人每日来此担水上山，以作给养。起初附近乡里不觉有异，时间久了，渐渐惊讶于夫妻二人丝毫没有衰老迹象，古稀之龄，仍然体格健硕，面貌不改，担水往返于崎岖山路依旧步履如飞。直至夫妻百岁高龄，青春依旧时，附近乡里后生才后知后觉地探求不老之法。遂从夫妻口中得知此泉功效，长寿泉便借此得名了。

长寿泉由天然雨水经草木孺养、岩层渗滤、沉潜多年才形成，水质恒定且富含矿物元素。经鉴定，符合国家一级饮用水标准，是不折不扣的长寿之水、健康之源。

【红松园游乐场】

绿石谷景区植物种类丰富，仅木本植物就有200多种，其中不乏国家级重点保护野生植物。红松园是一处红松天然林与人工林聚集生长的地方。红松是松科常绿乔木，是我国东北地区特有的绿化、观赏树种及珍贵的经济树木，于1999年8月被国务院批准为国家二级重点保护野生植物。红松材质轻软，形色美观，是建筑及制作家具的上等木料。果实松子内含有大量的不饱和脂肪酸，经常食用具有补肾益气、养血润肠的作用。其实红松的价值还远不止于此，据专家测算，红松的生态价值是它经济价值的1300多倍。在吸碳吐氧、调节气候、涵养水源及保护物种多样性等方面，红松都发挥着不可替代的作用。

绿石谷景区于2016年在红松园里添置了秋千、跷跷板及吊床等简单的游乐设施，就是为了让长久待在城市樊笼里的游客朋友回归原始，重返自然。在秋千吊床上沐浴阳光，在花田林海中放飞思绪，在鸟语花香和欢声笑语中享受这份绿石谷独有的奢侈体验。

【狐仙祠】

宋代诗人林季仲曾在《郊行感怀》中写道："竹光野色净祠堂，古木千章俨在傍。"诗中所描绘的景致便如您面前这座狐仙祠一般无二了。茂密林中光影斑驳，一座精致古祠依山而建，古木千樟在侧，更显飘逸出尘。

狐仙最早是以祥瑞的形象出现的。上古时期的涂山氏、纯狐氏、有苏氏等都属狐仙图腾崇拜氏族。狐仙在先秦两汉时期更受尊崇，与龙、凤、麒麟并称四大祥瑞。汉代石刻画像亦常有九尾狐与白兔、蟾蜍、青鸟并列于西王母旁，以示祯祥。直至今日，狐仙作为民俗信仰中的保家仙仍在东北地区广为流行。狐仙祠就是供奉狐仙的祠堂，始建于明末清初，正值狐仙崇拜的鼎盛时期，一直以来香火鼎盛。绿石谷景区于2005年重新修建狐仙祠，以供游客朋友和附近百姓祈福许愿保平安。

【双龙潭】

游客朋友，这里就是双龙潭了。您看那两股溪流如同匹练飞空，顺势倾泻而下，合为一潭悠悠碧水，倒映水中，好似两条蛟龙蜿蜒盘旋。四散开来的水花在双龙周身跳跃，时隐时现，亦真亦幻。每逢农历十五入夜后，皎月当空，月映龙潭之时，更会出现双龙戏珠的奇景，加之谷中云雾升腾，让人宛若置身于瑶池仙境。

【黑熊洞】

绿石谷生态保存完好，物种繁多，有哺乳类、两栖类、爬行类、鸟类以及鱼类等各类野生动物470多种。其中，列入国家二级保护动物的就有鸳鸯、苍鹰、水獭、亚洲黑熊等。您看，这正有一只准备外出觅食的黑熊，在洞口探头张望，好像正在寻找猎物。您不必惊慌，这不过是动物学家精心复制的黑熊模型罢了，但黑熊洞确实是黑熊居住过的洞穴无疑，真正的黑熊因气候变化和人类活动影响，早已迁徙到人迹罕至的石谷深处了。黑熊是典型的林栖动物，嗅觉和听觉灵敏，顺风可闻到半公里以外的气味，能听到300步以外的脚步声，但视觉差，故有"黑瞎子"之称。亚洲黑熊行动谨慎又缓慢，很少攻击人类。一般在夜晚活动；白天在树洞或岩洞中睡觉。所以您千万不要因贪恋景致而迷途晚归，时刻提防黑熊出没。

【绿石溪谷】

游客朋友，您面前这幅如写意山水画般的风景，便是公园中深受广大摄影爱好者喜爱的景点——绿石溪谷。谷中绿石成片，随处可见，石上青苔遍布，远观恰似大大小小的玉石翡翠，形状各异，品相不一。涓涓清泉漫石过隙，平波缓进，似乎所有的色彩都溶解于这抹耀眼的绿色当中，随着溪水缓缓流进人们的心里。

绿石溪谷是绿石的旷远深沉与溪水的飘逸灵动完美融合的最佳体现。您不妨拿出相机，按下快门，无须后期修饰，便是一幅绝佳的风景画创作。

绿石溪谷因独特的地质构造和自然条件，奇石星罗棋布，苔藓恣意生长。苔藓是构造最简单的高等植物，一般生长密集，有较强的吸水性，因此能够抓紧泥土，防止水土流失，同时，苔藓的生存环境较高依赖于空气的质量、湿度以及土壤的酸碱度，也因此常作为检测空气和土壤质量的指示植物。绿石谷中遍布苔藓也正说明了这里空气优质，土壤肥沃。苔藓富含绿色素、叶黄素及多种维生素，具有很高的营养价值和药用价值，滑苔汤便是我国饮食文化中以青苔为食材的一道名菜，而以苔入药，对治疗火伤、外伤、毒伤更具奇效！美国《国家科学院学报》研究报告称，约 4.7 亿年前，正是苔藓类的地被植物在地球上迅速蔓延，才让地球有了首个稳定的氧气来源，智慧生命最终得以蓬勃发展。可以说，小小的苔藓真正是人类文明的拓荒者，理应得到我们的珍惜和保护。

【翠湖】

游客朋友，您面前便是绿石谷景区最有名的湖景之一——翠湖。翠湖是 2015 年修建的人工湖，平均水深 3.6 米，最深的地方能达到 8 米，湖面透明如镜，四周草木葱茏，加之水体中生长着大量水生植物，让翠湖常年碧波浩淼，葱翠似玉。由高处俯视，仿若一枚遗落在山林里的翡翠，晶莹剔透。远山、近树、飞鸟一一倒映在水中，呈现出"鸟在水中飞，鱼在天上游，树在水中生，水在林中流"的奇妙景象。

绿石谷是鸟类的乐园，已知森林鸟和水鸟有近百种。其中鸳鸯、红头鹰、苍鹰等是国家二级重点保护动物，还有大杜鹃、环颈雉、太平鸟等列入地方重点保护动物名录。

【快活桥及戏鱼池】

"明月别枝惊鹊，清风半夜鸣蝉。稻花香里说丰年，听取蛙声一片。七八个星天外，两三点雨山前。旧时茅店社林边，路转溪桥忽见。"这首辛弃疾优美的词阙大抵描绘的便是眼前的景象了。为了方便游客在山水间穿行，景区管理处于 2015 年修建了这座快活桥，桥身主体由 20 根原木搭建，与绿石谷的原始风貌相得益彰，又平添了许多趣味。桥下一方浅池是人工修建的戏鱼池，一群群锦鲤、虹鳟畅游其间。置身桥上，抬头观景，低头赏鱼，其乐无穷。

【石龟戏水】

"溅浪翻波湿不晴，滩头龟石几千春。"游客朋友，这块静伏于岸，形似乌龟，探头饮水的岩石，叫做石龟戏水。龟，在中国古代与龙、凤、麒麟并列四灵，千年来，一直是吉祥、长寿和正义的化身，后多以祭祀占卜用之。如《淮南子》中所云："必问吉凶于龟者，以其历岁久已。"意思是，人们之所以用龟占卜吉凶，皆因为龟经历过漫长岁月的洗礼，更加地明悟万物变衍。这处石龟想必是留恋于绿石谷中的美景，任凭沧海桑田，不去其形，镇一方水土，保一地安宁。您不妨也虔心许愿，以期驱凶化吉。

【平安桥】

平安桥是一座由人工修建的观景、游乐相映成趣的小桥，取名平安，也是与之前您所游览的快活桥前后呼应，寄托着绿石谷景区对您最诚挚的祝福，希望您快快乐乐游石谷，平平安安踏归途。

【不老石】

离狐仙祠不远的这块巨石叫作不老石，此前曾是当地百姓去往狐仙祠祭拜的必经之地，也因此被视作是狐仙祠的风水石和守护石。身处天地灵气汇聚之地，沐日月精华，受香火熏染，更得狐仙庇佑恩泽，想来必有顽石开悟的一日。

游客朋友，我的导游讲解到此结束。愿大家在享受自然赐予我们神奇美景的同时，也使我们放松身心，融于自然，体会到一种超凡脱俗的意境。愿大自然的鬼斧神工带给您美的享受。最后祝大家事事顺心！

大石湖景区

大石湖景区东邻老边沟景区，是大石湖风景名胜区的核心景区。分为五龙湖、冰凌峡、木兰谷三大游览区，景区面积 26.58 平方千米。

【五龙湖游览区】

我们称这条河为"香水河"，是大石湖景区的主河道。河底的岩体与两侧的山体连在一起，堪称"铜帮铁底"。河谷落差不等，河底凹凸不平，间或有几处深窝、深坑，形成浅潭平渊。因多年洪水冲刷淤积，有些潭渊失去了原有的风貌和亮丽。景区开发建设之时，我们采取清淤的办法，人为地打造了几处小湖泊，形成了一道亮丽的水域风景线。

大家请随我进入景区，最先映入眼帘的是一幅美丽的画面，右手边这座花岗岩石峰称之为"画屏峰"，石峰上布满了纵横交错的纹理，如同一幅含意广泛的抽象画。画屏峰下便是流影泛光的溢彩湖，天光、云影、山形、树色倒映在湖面上，呈现出五彩斑斓的色彩，更因季节更替，色彩千变万化。可谓"花容月貌姿无异，树影山形景恰同"。

这个湖泊，叫作"烁玉湖"。到了春天，桃花水泻，湖面上簇拥着大大小小的冰块，如同碎玉一般，在阳光下，闪烁着耀眼的光芒。烁玉湖上游和下游有两个奇特的景观：一个是下游对岸回弯处那座石岩，它像不像一只卧虎呢？虎头向西、虎尾朝东，我们称它为"卧虎崖"。另一个是上游河东的一块馒头状的大石，其实它是一个大圆石，下半截被泥沙掩埋，上半截裸露在外，约有一间房子大小，我们称它为"神球"。

这个小湖泊我们称作"流丹湖"，因两岸红枫倒影而得名。"湖光秋色染晴空，枫叶流丹水泛红。莫道绘于何人手，争来观赏谢天公。"此景如诗如画，格外动人。红叶流丹之季，俯身观看之时，便会发现倒映的红叶托起了您的身影。您仿佛也如一叶扁舟，漂浮于河水之上，游动于峡谷之中。

这个湖泊是"古韵湖"，对岸那座山岩称作"神龙回首"。站在湖边，可听到神龙回首后边的水声若鼓若钹，犹钟犹磬，如筝如瑟，似管似弦，其音悠扬入耳，不绝如缕。说到这儿，我们联想到一则故事：相传先秦著名琴师伯牙一次在荒郊野外弹琴，樵夫钟子期竟能领会"巍巍乎志在高山，洋洋乎志在流水"之含意。伯牙惊道："善哉，子之心与吾心同。"钟子期死后，伯牙痛失知音，摔琴绝弦，终身不抚，故有高山流水之曲。我们眼前的景致，无论观其色，还是闻其音，都十分令人感慨，有人曾用一首绝句来描述眼前的情形："湖边韵律古由今，当悟伯牙在抚琴。曾有子期深解意，高山流水遇知音。"故此，这个湖也称作"知音湖"。

往前走，我们来到了龙王爷吮兵喝将的地方，称之为"点将台"。点将台边建造了一座石凉亭，叫作"风月亭"。站在风月亭边，远望群山如嶂，近观溪水似练，真可谓"烟云峡内起，风月涧中生"。

现在，我们来到了五龙湖下这块游人集散区，稍事休息一下，然后沿栈道攀援而上，去领略一下五龙湖这段天然五湖四瀑的磅礴气势和绝妙景观。

五龙湖，位于香水河主道上的一个瓶颈地段，两侧石峰高耸，层岩崛起，峡谷陡峭，涧水汹涌，给人一种惊魂动魄的感觉。早年因五龙湖落差太大而不能通行，正所谓"鸟过要高飞，人过需绕行"。通过旅游开发，游人才可以观赏到五龙湖及上游奇美而独特的风光。五龙湖每层落差处都形成一个天然小湖泊，其方圆、深浅不等。溪水从湖上飞泻下来，陡峭之处挂帘帷，平缓之处涌浪花，这便是次第相衔的五湖四瀑绝妙奇观。

五龙湖不仅景观奇特，还流传着千古传说和不朽的神话，向人们讲述着乾坤运转、沧海桑田、世故变迁等娓娓动听的故事。据说混沌初开的时候，五龙湖这个地方原先是五个柱子似的石峰，叫五匙峰。山上流下来的水，被五匙峰阻隔形成一处深渊，叫香水湖。传说香水湖里住着一条懒龙，很少布云行雨，最爱睡觉，一大觉能睡八九年，一小觉也得睡三四年。周围村庄十年九旱，农家度日十分艰难。为祈求懒龙降雨，先后有许多人去香水湖找懒龙说理，但都一去无回。附近山下有个小伙子叫王干，爹妈相继饿死，他决定去找懒龙算账。游到香水湖深处，遇见了宫殿大门外木笼囚车里的绿衣少女——仁心，仁心告诉他只有找到东皇夫人才能制伏它。王干历经艰难险阻，终于见到东皇夫人。东皇夫人为王干的决心和勇气所感动，赐给他一串念珠，交给他制伏懒龙的方法。王干用念珠解救了仁心姑娘，念珠腾空而起，将五根柱子状的岩峰炸得粉碎，原处出现了五个又大又深的水坑，香水湖水从断裂带处滚滚流下。懒龙被念珠捆成一团，顺水而下形成一条河流。

五龙湖落差极为陡峭，涧水次第跌落。两侧是悬崖峭壁，宽窄不同；峡底是陡坎深坑，远近不同；每处陡坎便是一条瀑布，好似垂帘，高低不等；每个深坑便是一个小湖，恰如明镜，深浅不等。湖周边岩壁呈筒状，似壶形，深不可测。传说五龙湖是地河的天眼，连着大海，五龙湖里住着东海龙王之子——明龙王，东海龙王派他来调治雨水，主管一方旱涝。很早年以前，当地农民到五龙湖求雨很是灵验，为答谢龙王，便在五湖下修建了一座龙王庙，供奉龙王爷。从那以后，香火不断。自古以来，遇有大旱之年，求龙王降雨必来此庙，那真是成帮结队，络绎不绝。求雨队伍抬着花红小轿，捧着供品，锣鼓喧天，甚为热闹。慕名而来祈求神灵消灾、祛病者亦年年有之。

五龙湖，其势如排山倒海，其声若虎啸龙吟，烟云缭绕，水花璀璨，雄伟壮观，奇美异常，让人心动，让人震撼。站在湖边栈道上，仰望峭壁高耸，松挺云峰；俯瞰涧水飞流，湖水湛蓝。本溪诗人孙诚先生曾用一首七律来描述它的雄姿："登临一睹叹奇观，忘却云崖举步难。岭拥春花蜂蝶乱，涧倾瀑雪玉珠残。曾教万木披新叶，何忍五龙锁绿潭。造物天公多妙趣，诗情画意莫言传。"

眼前是人工建造的水域景观，被称为"龙兴湖"，与下游的五龙湖交相辉映，构成了一幅完美的画卷。龙兴湖的右边，人们建造了一处石窟庙宇，供奉大石湖道场的主宰者——明龙王。我们期待着明龙王为当地百姓带来福祉，为各位游客带来吉祥。

继续前行，便来到了"谒圣台"，谒圣台上建有层次分明的石窟庙宇。这里的石窟庙宇依山傍水、坐北朝南，造型奇特，更显庄严。

五龙湖上游的这个地方，山谷开阔，地势平缓，森林茂密，当地人习惯称之为"湖上"。风景区再度开发建设之时，在这里修建了一道拦水大坝，坝体飞瀑泻清流，坝上高峡出平湖，人们便称它"香水湖"。香水湖波平浪静，水光倒影，两侧的摩天岩峰，参天大树，天光云影都倒映在湖水中，给人一种山上是画，水下也是画的感觉。游人可在香水湖上乘舟泛水，感悟一下深山戏水的乐趣，那可真是"香水湖中，快艇飞舟，碧波荡漾；游人心里，激情奔放，热血沸腾"！

这个区域，原是一片核桃林。为缅怀历史，我们建造了一处游人休闲游憩地，取名"和睦园"，主要用于游客中途休息打尖及开展娱乐活动。

现在我们马上就要到木兰谷了，木兰谷沟口处这个平稳的水面我们称作"玉屏湖"。大家看，左侧崖壁如劈，好像一堵屏风，湖水似镜，光映玉屏。

土地改革前，曾有马姓人家在这里居住过，原称马家堡子。马家堡子下边也有个小湖泊，被称之为"仙脂湖"。小湖虽然不大，但景色却很秀美，我们不妨去一睹芳容。

五龙湖游览区自然景观秀美，人文景观独特，在这里游览观光，既可享受森林中大量的负离子，也可求得神圣的点化，给人带来好运，使您梦想成真。

我们将河道上这些湖泊统称为"叠起湖"，意为"湖瀑错落，次第相连，水在叠起，人在攀援"。行走在这峰之雄伟、山之秀丽、林之幽雅、水之浩荡的天然画卷之中，便会感悟于"过客山中迷胜景，始知东北赛江南"的激奋之中，忘我于"超然世外疑仙界，笑问同俦我是谁"的陶醉之中。

【冰凌峡游览区】

冰凌峡，原称小冰壶沟。峡间溪水常年不断地流入香水河，因两侧山高峡窄，光照时少，冬季结冰开化较晚而得名。冰凌峡游赏区东邻拐磨沟，西接香水河，南通石峰岭，北连一秀川，是景区小循环的必经区域。该区域内山峰高耸，谷深川狭，巨石硕大，溪水涌流，红枫密集，杜鹃满岭。

冰凌峡上端连着东顶峰。东顶峰是大石湖景区的最高峰，海拔978米。站在东顶峰之上，极目远眺，但见山峦起伏，云雾缭绕，仿佛站在一艘巨舸之上，航行在烟波浩渺的沧海之中。连绵的群山，浩瀚的林海，又恰似一望无际的巨幅画卷，人在景区中游览，就如穿梭在无与伦比的天然画卷之中。

看，这座大石峰，当地人称它"歪嘴砬子"，也有称它"鹰嘴砬子"，但都不够确切。大家举目远眺，它像不像是一个大石猴蹲在峰巅之上呢？如果走到跟前近观，最上端那个大圆脑袋有鼻有眼，更像猴头。由此我们联想到《西游记》中描述的石猴孙悟空，他自称"齐天大圣"，我们便称这座石峰为"齐天峰"。有人曾用一副对联描述它："驾雾腾云，羡峪谷清幽，竟然可比水帘洞；呼风唤雨，迷山川秀雅，何必再回花果山。"

那座石峰叫"五行峰"，它好像一只大手，石峰底部如同手掌，立起来的几个小石峰如同手指。这可是一只神手，总在掐指推算金、木、水、火、土阴阳五行。

那座石峰叫"秃鹫峰"，其名因形而命。远远望去，确像一只大秃鹫，蹲在那里。

那座石峰叫"僧帽峰"，上端好似一顶帽子，有人说它更像济公的帽子。

这个区域巨石密集，排列无序，大小不等，造型不一，好似一处天然迷宫，形成一道亮丽的巨石景观。

冰凌峡落差较大，下端是"三叠涧"。三个陡峭之处溪水猛跌，上下两个如玉带飘飞，中间一个如银帘低垂，其间多有大石，形成一道秀美的水域景观。那块大石称作"逆水石"，它立于峡谷中间，将溪水分流两侧。多少年来，暴发过无数次山洪，它仍然屹立在那里。

这里山脊上多生野杜鹃，主要有两种。一种是映山红，花粉色，叶片长卵形，长约5厘米，花五瓣，花朵直径4～5厘米，一般于4月中、下旬绽放；一种是大字香，花粉色，叶片长卵形，长约7厘米，花五瓣，花朵直径6～7厘米，一般于6月上旬绽放。据《本草纲目》载：野杜鹃（映山红）具解表、清肺、止咳、祛痰功能。可治疗感冒、头痛、咳嗽、支气管炎等病症。

本溪满族自治县以"枫叶之乡"闻名于世，枫树山山都有，而大石湖景区则是枫树最密集、秋季枫叶最红艳的赏枫地。冰凌峡的枫树，以九角枫（亦称假色槭、紫花槭）为多。行走过程，随处可见，一丛丛，一簇簇，或跻身于丛林之中，或连成一片独成枫林。秋季枫叶红得正浓时，如绘如染，似一团团火，若一片片丹，红得娇艳，惹得人醉。

大石湖景区的枫叶从每年9月下旬开始变红，一般可持续到10月中旬。枫叶叶面已红透，叶缘没有向上卷曲时，是最佳的赏枫时机，一般有5天左右的时间。除假色槭外，大石湖风景区比例较大的还有扭劲槭（亦称三花槭），扭劲槭秋叶呈深红色，持续的时间要比假色槭长一些。

"远上寒山石径斜，白云生处有人家。停车坐爱枫林晚，霜叶红于二月花"，这是唐代诗人杜牧赞美寒山枫林秋色的一首诗。大石湖风景区的枫叶较比寒山的枫叶，可以说是有过之而无不及了。

大石湖风景区的枫叶随处可见，遍布于山山岭岭，沟沟岔岔。初秋季节行走在山间步道上，就好像走在如绘如染的彩色幔帐之中。当你举目向四外张望时，便会被这里五彩缤纷的景色所感染、所陶醉，不由自主地高呼：这才是枫叶最美的地方！

【木兰谷游览区（上行）】

木兰谷，原称外响水沟。是大石湖景区连接老边沟景区的重要区域，也是景区双向进入、全区相连的必经之路。

如果说核木园游赏区在自然资源的基础上有人为的打造，呈现出天人合一的景象，那么木兰谷游赏区则是纯粹的原生态。

我们从下至上走上去，可见溪水涌流，可闻叠水作响。多处可见"大石头，小叠水"的奇美景象。

沟口深处我们称之为"绿石涧"。大家看，木兰谷起始端的左侧是一处深壑，壑底布满了大石，石上长满了苔藓，显得绿意葱葱。涧水从石缝中穿过，从大石上跃下，传来阵阵声响，好似器乐合奏一般，引人驻足观赏，产生深厚的游览兴趣。

这里有三块大石相间而卧，我们称之为"三元石"。元，有"开始、第一、为首"之意。所谓三元，有七种解释：①阴历正月初一，为年、月、日三者之始，故称"三元"。②旧以阴历正月十五为上元节，七月十五为中元节，十月十五为下元节。③道教以三官配三元，说上元天官于正月十五日生，中元地官于七月十五日生，下元水官于十月十五日生。④术数家以六十年为一甲子，第一甲子为上元，第二甲子为中元，第三甲子为下元，合称"三元"。⑤指日、月、星，谓"三光之元"。⑥旧称乡试、会试、殿试之第一名为解元、会元、状元，合称"三元"；明代以廷试前三名为"三元"，即状元、榜眼、探花。⑦将天、地、人三才称为"三元"。

大石湖景区林木茂盛，蒿草丛生。景区内有木本植物340多种，草本植物750多种。乔木类有松、杉、榆、柞、梨、椴、桦、楸、槭、枫、杨、柳及刺楸、灯台、山桃、稠李、黄波椤、水曲柳等；灌木类有绣线菊、野杜鹃、鸡树条、刺五加、忍冬、锦袋、榛柴等；藤木类有合欢藤、葡萄藤、软枣藤（猕猴桃）等。野果主要有山杏、山梨、山榛、山里红、糖定子、山葡萄、猕猴桃等。名贵中草药有人参、细辛、刺五加、五味子等。名贵山野菜有山蕨菜、大叶芹、刺嫩牙、刺拐棒（刺五加）等。比较珍贵的野生食用菌有木耳、松蘑、榛蘑、冻蘑、大腿蘑、猴头蘑等。野生动物较多，走兽类有山兔、野猪、獾子、狍子、黑熊等。飞禽类有野鸡、树鸡、布谷鸟、啄木鸟、苍鹰、山雀等。

层次错落的森林不仅具有美化环境的功效，还具有保持水土，净化空气的效能。因此说，森林是大自然的艺术品，是清除空气微粒的"过滤器"。据资料记载：一公顷阔叶林每年的吸尘量可达68吨；一公顷松林每年能清除空气微粒36吨；一英亩林带每年可吸收并同化污染物100吨。因此，森林被称为"降服微粒的克星"。森林还能调节水量，林木蒸散到大气中的水分要比林木本身重300～400倍。一公顷阔叶林在一个夏季能蒸散2500吨水分，相当于一纬度同等海洋蒸发量的2倍，是同等面积土地蒸发量的20倍。因此，有林地年降雨量比无林地平均多17.4%，森林一般可增加降雨5%～20%，森林生态效益价值相当于其生产木材林产品直接经济效益的9倍。

刚才说到我们景区内树种繁多，花卉丰盛。那么，木兰谷游览区最突出的特色就是本溪市花——天女木兰最多。走进木兰谷不远处就可看到很多天女木兰。天女木兰喜阴，多生长在背坡。最为壮观的是，在木兰谷上部山脊下形成一条呈南北走势的观赏带，长

2000 多米，宽三四百米，达 1000 亩之多。它们相拥成林，自然成园，其规模之大、数量之多，堪称"中国第一""世界之最"。天女木兰是本风景区的极品，更是中国旅游景观的代表作。

天女木兰以天姿国色、花香浓郁著称于世。城里的人很少能赏其芳容，闻其芳香，唯有到我们大石湖景区才可实现您的愿望。看，一丛丛娉婷玉立，一株株娇艳婀娜，枝挺叶摇，美观淡雅，花白如玉，香气袭人，给人以温馨和恬静。初夏之时，其他山花多已凋零，而天女木兰正盛开。这就是大自然的恩赐，大石湖景区成为初夏时节赏名花的最佳旅游胜地。当我们徜徉在这葱葱郁郁的千亩野生天女木兰园中，映入眼帘的是"树枝摇叶千山绿，木兰花开万朵白"，令人产生一种"寻得妩媚岭脊下，爱恋芬芳密林中"的意境。

古往今来，凡情系山水的作家、画家、摄影家都纷纷走进大山，作赋吟诗，挥毫作画，摄景拍照，投入山水的怀抱，留下美好的记忆。当您走进景区，感受到的是人与自然的和谐，领略到的是山的雄伟、水的清秀、峰的壮观、树的飘逸、草的娇艳、花的绚丽、果的芳馨。在陶醉中增长了才识，那可是一生中不可多得的收获。

老边沟景区

老边沟的名字源于明王朝为防御女真人侵扰而修筑的"柳条边"或"边墙"。该景区西部连着大石湖景区，分为拥硌河、巨石川、万象谷三大游览区，景区面积 22.84 平方千米。

【拥硌河游览区】

拥硌河是老边沟大西岔的主河道，地壳变迁时山上大石滚落下来，簇拥在河谷之中，呈现出"水似练，石如磐，石不转，水在流"的奇异景观。石在水中静卧，大小不一，形态各异，相隔相衔，错落无序，如千头野牛游于河中，似万匹骏马奔于水上。水在石上飞流，叠加之处水落帘帷，平缓之处水稳成潭，如一面面银镜悬挂在巨石之上，似一串串明珠镶嵌在河谷之中。两岸山岩掩映，枝叶低垂，整个河谷形成一道亮丽的风景线。

该游览区内巨石多是其主要特征，另外还有"两多"，即山花多、红叶多。

春至初夏，山花烂漫，香飘四野。木本花卉主要有野杜鹃、野李子、稠李子、山里红、鸡树条、山杏、山桃、山樱桃、石迸（绣线菊）、犇拉香（锦袋）、野丁香、爆马丁香、天女木兰等漫山遍野；草本花卉主要有冰溜花、蒲公英、灯笼花、山芍药、升麻、驴蹄菜、马蹄叶、马莲等不计其数。

金秋时节，红叶披山，山川尽染。红叶树种主要有扭劲槭（三花槭）、青楷槭、小楷槭、元宝槭、三角枫（茶条槭）、五角枫（山色树）、九角枫（假色槭）等，尤以九角枫、扭劲槭居多，呈现出"一湾河水映山光，两岸红枫惹人醉"的迷人景象。游览区石与山、石与水、石与树、石与花交织在一起，给人以无穷的诱惑力。

现在我们走进拥硿河游览区的入口（从下游进入），首先映入眼帘的是一座凉亭连着一道长廊，作为迎客门，把游人引向幽深之处。凉亭正面悬挂着一副对联："迎五湖四海逍遥客，接九垓八埏浪漫人"，上有"揽胜"两个大字，意为迎接各地游人到此猎奇、寻幽、觅趣、揽胜。

路过长廊，走上"醉枫桥"，踏上木栈道，我们的视线一下子被吸引到这个树美、草丰、石奇、水秀的山谷之中。

拥硿河游览区总体分为回龙湾、壑岩湾、萦水湾、冰封谷、龙吟谷、向阳坡六个游赏区，概括为"三湾、两谷、一面坡"。

【回龙湾游赏区】

现在我们走进拥硿河游览区的第一湾——回龙湾。

该游赏区岩壁对峙，绿树高悬，河水逶迤，如龙翻腾，其特点是河谷落差较小，河水相对平缓。水流域有哨有渊，哨为急流，渊为深潭；哨如碎玉，潭若明镜；哨显喧闹，潭呈平静，给人一种美不胜收的感觉。

大家看，左侧这面山坡地势较为平缓，山脚下涌出几股清泉，将这片山坡润成沼泽地的状态，我们将这个地方称为"聚泉坡"。这里的泉水纯净、明亮、甘甜，我们特意引下一股，供人饮用。看见山脚下那块大石了吗？它卧于泉泽之处，隐于密林之中，侧面依稀可见三道水印，那是水流冲刷石苔而形成，仿佛一个"川"字，向我们解释着川流不息的真正内涵。

这段河谷东岸呈弓形，如同半月，西岸一道青岩与东岸地势相随，将河谷围成一个弯曲的平稳水面，我们称它为"晓月潭"。

大家放缓脚步，您可否听到栈道左侧有溅水之音？山上一股细流从那座岩壁上倾泻下来，远观水流飘带，如弦如丝；近觉水落飞雨，如倾如注。水声哗哗啦啦，好似一曲动听的拨弦乐，我们称它为"飞泉崖"。看到这晶莹透明的飞泉，谁都想去喝上一口。这里飞流的是山里甘泉，洁纯清净，没有污染。您痛饮一口，便会滋心润肺，顿觉清凉，那叫"爽"！

往前走，我们又见到一个弯曲的平稳水面，河边有一棵糖定子树，秋天小果如星，倒映在水中，折射着点点红晕，我们称它为"晨星潭"。几处景点自然结合，形成了有声有色、有动有静的场面，让人心旷神怡。其实，这才是拥硌河奇特风光的开始，那就让我们伴随着这美丽的景色和悠扬的旋律去探奇、审美吧！

继续向上走，远远可见那块黄白色的大石，它像不像一只大青蛙呢？我们称它为"金蟾眺水"。大家顺着金蟾眺望的方向往下看，河道上有几块巨石相拥，阻碍了水流，致使河水翻卷作浪，轰隆作响，吸引着这只大金蟾注目观看，永生不离。

踏上"凌波桥"，走过"悬荡桥"，便可看到一个奇异的景观，那就是河水逆转。大家看，这段河水主流被西侧岩壁迎挡，一部分河水顺势而下，一部分河水逆转回流，形成一个地道的趸水状态，我们称它为"转运潭"，也叫"漾洄潭"。您可抛一片树叶，扔在河边水中，约10分钟，这片叶子就可按着顺时针方向旋转一圈。然后，这片树叶有可能随波而去，也有可能重复回转，也不知要旋转多少圈。其实，这不是谜，是因特殊的河道现象而形成，但并不多见。有多少游客曾坐在这里呆呆看着，心期转运。

这个大平台是特意为静赏奇观而打造的。由此，我们联想到三国魏时七位名人嵇康、阮籍、山涛、向秀、刘伶、阮咸、王戎"竹林七贤"，那么就管这里叫"七贤居"。今天，游客群贤毕至，远胜七贤，大家也可在此肆意醋畅，谈今论古，研讨各自的志向和意趣。

前边转弯处还是一个弯曲的深水区，常见鱼翔浅底，很多游客恨不能坐在这个石台上抛钩垂钓，过一把钓瘾。有人用一首绝句来形容这个场景："岸柳垂丝河水深，随风涌浪潜金鳞。黄莺树上高声唱，笑我无钩妄费神。"那我们就叫它"思钓台"吧！

回龙湾两岸高壁掩映着有急有缓的河流，树木遮掩着有动有静的河水，人们坐在林下，仰高树参天，俯深水流云，侧听河水喧腾，直观树木摇曳，赏奇观，看奇景，谁舍得离开这里呢？

沿着这条步道拾级而上，便可观赏到一处人文景观——"抗联遗址"。抗日战争时期，杨靖宇将军率领抗联一师将士在这一带打了两场胜仗，永远载入史册。1936年12月，在边沟歼敌70多人；1937年11月在湖上歼敌100多人，为本溪地区的抗日斗争史写下了光辉的篇章。在复建抗联遗址的时候，我们在上面的大石棚下挖出了抗联将士用过的碗片，还有两块铧铁。经分析，铧铁是抗联战士用它砸碎当枪沙来打鬼子的。如今，我们将东北抗日联军一师将士曾经战斗过的地方人为地打造了一些半圆雕、浮雕、字刻等，再现了大石湖的抗日烽火。"回眸抗战时空，看风云滚滚；再现驱倭场面，听雷雨潇潇"，其目的是弘扬抗联精神，激发爱国热情。大家看，这块巨大的石头是当年的瞭望台，左边的那个石窝是哨所，上方有地窖窝棚和抗联一师指挥所。我们走在这石阶之上或站在平台之处，看到雕刻处处，便可联想到"边沟打胜仗，刀光剑影；湖上获大捷，炮火硝烟"的战斗场面。听到风声飒飒，似乎这是缅怀革命先驱的声声呐喊，讲述着抗联历史的不朽传奇。

沿着抗联遗址处的步道往上走可连接"冰封谷"，亦可通往"龙吟谷"，向西走可通过"三向桥"到达拥硌河西岸。

抗联遗址前方这座木制凉亭，被称为"望峰亭"。坐在亭中，仰望群山莽莽，高峰座座，顿觉心胸豁达，意远思长。

右下方是"一湾情游憩地"，大家可在此稍事休息。看，那座石岩，树空透过的日光从水面折射到石壁旁，闪闪烁烁，时隐时现，我们称之为"浮光掠影"。岩壁前这块独立的大石，好像一个颇具灵性的动物，正在沐浴着灵光。我们从"一湾情游憩地"拾级而上，再往前走一小段路就到了壑岩湾游赏区。

【壑岩湾游赏区】

现在我们走进拥硌河游览区的第二湾——壑岩湾。

该游赏区河谷中及河道旁巨石相簇相拥，更加密集，这就是当地人惯称"黑咕隆咚"的起始处。所谓黑咕隆咚，应该是"暗淡"与"声响"交汇在一起的代名词。这段河谷两岸树木交柯，搭枝连叶，在河道上自然架起了一道绿色长廊，使河谷柔光暗淡。河谷巨石拦水，跌宕起伏，水声如雷贯耳。壑岩湾河谷两旁有崛起的岩壁，也有缓冲的林岸；河道中有簇拥的巨石，也有独耸的大树。两岸春有山花怒放，夏有青草滴翠，秋有红叶飘逸，冬有白冰映雪，处处景观，引人入胜。谁能不为这奇异的景色所陶醉呢！

您看，河西岸那道长约百余米、高约几十米的长壁，上面生长着很多枫树，格外飘逸，我们称之为"铁壁摇枫"。铁壁摇枫的景象是："石壁岸西天筑成，风吹岩上总摇枫。春来叶翠河浮绿，秋到流丹水泛红。"

在这段河流中间有一长条状陆地，上面布满大石，我们称之为"浮玉岛"。将这些大石称之为"玉"，是否有点夸张了？其实也不为过，玉乃石也，称之为浮玉岛也是够"雅"的了。

上游河中有几块巨石拦截河道，形成低矮瀑布，瀑落深渊，溅浪飞花，我们称它为"映枫潭"。

您注意到映枫潭旁边这棵大杨树了吗？它的基部呈"S"形弯曲后斜伸于水面之上，可以说是树弄稀奇吧！其实，它幼小时也是挺直的，后因受到洪水狂风的伤害，把它弄弯了。洪水过后，它又倔强地挺了起来，长成现在这个模样，我们称它为"再崛起"。事有蹊跷，树有变异。由此及彼，由物到人，我们得出一个结论，勇于抗争，必获新生。这是一个多么深刻的启迪呀！

这条小溪是从冰封谷流淌下来的，在这里与拥硌河相汇。看，这座小木桥前的大树上缠绕着几根软枣（猕猴桃）藤，低垂摆荡，我们称之为"牵挂"，引申为树有牵挂意，人有牵挂情。大家来到这里，可能会牵挂着家人或其他的事，离开这里，一定会牵挂这里美不胜收的迷人景色，您说对吧！

听到了吗？河东岸山谷中跌下一股溪流，隆隆作响。涧水折旋降落，形成几段线状瀑布，扯住了我们的视线。到了冬天，溪水结冰，越冻越高，越冻越厚，山口处形成一个巨大的冰瀑，分外壮观。又因这条峡谷狭窄背阴，到了来年5月，拥碚河上的冰封早已融化，河岸上已是花红柳绿，可这个冰瀑仍然没有化尽，还是那样晶莹闪亮，大约到6月初冰瀑才慢慢消失，我们称此处景观为"冰瀑春晚"。说这个景区是有名的消夏胜地，其主要原因就是这里山高林密，树大荫翳，轻风拂面，水冒凉气。烈日炎炎的夏季，到这里来避暑，那真是浑身凉爽，情舒意朗啊！

主河道上这座桥梁两头平直，中间拱起，称为"漱玉桥"。站在桥上，放眼上下，秀美风光尽收眼底，无限惬意涌上心头。

看见河边那块凹形的大石了吗？我们称之为"天马鞍"。可惜我们没有双翼的神马，只好徒步前驱了。

前边的步道岔开了，一条是石板步道，从山坡绕过去；一条是亲水小栈桥，从河边走过去。选择哪条呢？还是走小栈桥吧！

小栈桥入口处左侧大石旁长了一棵糖定子树，奇怪的是它将一个侧枝伸出搭在对面的大石上，经过几年的光景，在大石积土的作用下又扎根生长出4棵小树，很有趣味吧！这就叫一展雄枝，异地派生，"跨越发展"了。

您再看，河中央那块巨石，长8米多，高3米余，从漱玉桥西端或是河西岸侧看，很像一头牛的脊梁，尤其肩部、臀部更像，可惜无头无尾，我们只好称它为"挺脊石"了。

再看，上游乱石排列，将河水堵截成两层小的落差，每层落差处都有一个小水潭，小水潭上端都有一个小叠水，叠水溅花，声景并茂，我们称之为"叠潭听韵"。上下两层又好似两道石门，石门中间有几个稍小的石头卧在水中，既有怪兽闯石门之势，也有鱼跃龙门之象，有趣吧！正所谓："石门两道河中心，水奏琴声荡有音。但见浮砆如泳兽，小鱼也要跃龙门。"

走到这儿，可别后悔呀！我们要钻过这个似洞非洞的石隙，石隙上夹着一块石头，会碰头。那就烦您低下高贵的头，弯下尊贵的腰，跟我一起钻过去。正所谓"人过要低头，马过要下鞍"。钻过此处，前景更好。

看，前面这个庞然大物，它长约10米，高约5米，奇特之处是左右各有一个大眼窝，好像是鲸的头。大家都知道，鲸生活在大海之中，这条鲸很可能是经历沧海桑田遗留在这里僵化而成的。

河西岸有一眼清泉，常年涌流，哪怕是最旱的时候也不干涸，现已修成一眼小井，以解游人之渴，那就叫它"无止井"，意为前途无限，永无止境。

这个区域，巨石拥挤，将河水围成两个清潭，上游水泻如注，轰然作响，倾入第一个深潭后，串联于第二个浅潭中，在旁边丛石的围拢下，显得格外美观，我们说这个地方是"鸣潭惊硌"。其实，这个地方还有奇特之处，待我们走到近前，再行观赏。

这棵扭劲槭是整个游览区中最大的一棵，它的胸径达40厘米，可称"槭王"。扭劲槭，亦称三花槭，秋令时节及早变红，且红得时间较长。很多游客都愿去抱一抱，搂一搂，嘴里还念着一套顺口溜："抱一抱槭王树，发财致富有门路""搂一搂槭树王，平安幸福万年长"。

看河边那个不太大的石头，像狗头还是鳄鱼头呢？像什么无所谓，但看它张着大嘴，正在仰天长啸，那就管它叫"啸天"吧。

奇石异景，寓意深刻。请大家止住脚步，看河水转弯处这块大石，它形如海豚，身长9米有余，身高2米多，嘴巴前还莫名其妙地依着一块小石，好像大海豚正在给小海豚喂哺似的，我们就说它是"哺爱"了。

前面出现两个石夹缝，靠山边这个可容一人通过，靠水边的无路可行。您仔细端量一下中间这块大石，靠水一侧像不像人脸的侧面呢？有脑门、有眼窝、有脸颊、有下颌，他正在痴情地看着水景或是侧耳听着水声，我们称它为"玉面观涛"。

玉面观涛上游岸边，横卧一块大石，长5米多，前边一个大脑袋，也说不好它长得像什么，好像正要渡河，姑且称它"怪兽戏水"，从上游往下看更清楚。

再看河西那块大石，前端颇像猪头，尤其是脑门和猪拱嘴部位更像，它将头伸进河中，水大时拱起一片浪花，叫它"野猪拱浪"最合适不过了。

看，左边山路旁探出一块大石，呈弧形半露其外，它像什么呢？有人说它像个大嘴唇，有人说它像个大舌头，也有人说它像个大帽遮，雨天可避雨，热天可背阴，有点意思吧！

那是"如意桥"，桥面曲成三折，好似"如意"一般。有人说，人这一辈子无欲才能如意，如意就是最大的幸运。那么，当您站到如意桥上时，看到上下的景色如此惊心动魄，您该如意了吧！

您看，如意桥下面有一排大石相间而卧，河水被截，不得不绕于东侧急转而下，可谓是"石列横水"了。

如意桥的上游是一泓由诸多巨石围起的清潭，因旱涝期水位不同，潭的方圆大小也不同，上端重重叠水泻入潭中，其形如碎玉散落，其音如器奏悠扬，我们称之为"碎玉潭"。

看见这个大石棚了吗？这确实是抗日战争时期东北抗联战士住过的地方。其实，在我们大石湖风景区内，当年遍布东北抗联战士的足迹，很多遗迹由于历史洪流的冲刷，现已无存，如地窖窝棚等，永远冲刷不掉的便是这个"抗联石棚"。看，石棚下有一个条子炕，它经历了七十多年的历史，成为大石湖抗日烽火真实的见证和红色的记忆。这个遗迹，被定为市级文物保护单位。

紧挨着抗联石棚前端的这块巨石，长10米有余，高8米不止。站在河对面看，石呈扁圆形，最上面还有一个歪歪尖。好多人都说它像一个大仙果，那就是蟠桃，您说像不像呢？

拥砳河的景观是固定的，但从东西两岸看，视觉却不尽相同。正所谓"两岸观形形有异，一旁看景景无疑"。

【漤水湾游赏区】

现在，我们走进拥砳河游览区的第三湾——漤水湾。

最先出现在我们眼前的是"松翠坪游憩地"。这是一个既平坦又开阔的地方，山麓高松，似帚描云；山边绿草，如茵覆地；平滩花木，如圃如园；水榭长廊，恬静优雅；河中碧水，如奏如歌，这是一处多么清秀的地方啊！

在这里建有购物房两幢，游人可在这里购买称心如意的旅游商品。购物房前修建了一座跨河桥梁，被称为"夺趣桥"，这座桥是为购物房配套而修建的，既可满足河东的游人过河到竞枫岛，也可满足河西的游人来购物区。

河东对面是"竞枫岛"，小岛虽然不大，但上面却长着两棵大枫树。它俩好像是在竞赛，看谁长得更粗、更大。金秋时节，凡到此处的游人，均伫立好久，反复按下相机的快门，拍摄这迷人的枫色，留作永久的回忆。平台旁边这棵红叶树，称作扭劲槭，秋令时节，它红得格外鲜艳，故称为"醉仙红"。

购物房左上侧的这个木制凉亭点缀了这片松林的景色，称为"听松亭"，可谓是："耳畔松涛风奏起，眼前树影日泼出。"

听松亭的前面是一个小型的水潭，我们称之为"涌泉潭"。在前方长廊下面，就有几处泉眼，不管旱涝，泉水总是向外涌出。在长廊前，我们又人为地引来河水，不仅增加了这里的水流量，也使长廊形成水榭风貌。在这道长廊内，人们可以小憩、娱乐或避雨聊天。长廊前方还有一座木制凉亭，我们称之为"悟涛亭"。在悟涛亭中静坐，可聆听波涛跳跃的音符，可感悟风涛呼鸣的旋律。正所谓是："水韵悠悠无尽曲，风涛阵阵有余音。"悟涛亭对面树林中，修建了休憩平台，人们可在这里小憩、娱乐。

走上这段台阶，便可看见步道旁卧有四块大石，最前端的那块大石长约 6 米，高约 2 米，两头尖，中间粗，很像一条大鱼。鱼头探在步道旁，路过时要多加小心，以免碰头。这个景点，我们叫它"大鱼当道"。

山下对岸是小停车场，游人必要时可在此乘坐游览车，返回游览区入口。

走过这段山路，我们又回到拥碦河边，来到"叠韵桥"上。看叠韵桥上游左侧的一条小溪与拥碦河交汇，形成层瀑叠加，水幔参差的水域景观，令人感叹大自然的鬼斧神工。景区开发建设之时，我们又人为地在上游修建了三道仿岩石坝，形成三层小湖面，三叠小瀑布，与自然景观相融合，打造成"叠瀑流韵"的奇妙景观，可以说是天人合一，景色更佳。

我们沿着这条石步道与木栈道相间的游程环绕一周，去领略"绕月湖"的幽静和绮丽吧！这个地方较为平坦，区域内树掩水光，水映山色，水在林下更显宁静，树在岛上更显飘逸。在这里，您可以操起一根木桨，荡起一叶扁舟，离开岸边树，划破水中天，摇出一片情，不尽的快慰油然而生。

从绕月湖转出来，我们走到叠韵桥的西端。看，桥头这个树木景观，一棵挺拔高大的柞树身上攀缠着一棵娇柔多情的女儿树。我们可以设想一下，这棵女儿树如果没有大柞树的依靠，它能长得这样又细又高吗？所以，我们称它为"眷恋树"。树木都有眷恋之意，何况人乎！故此，我们在前边公路旁又建了一个"依恋亭"，两个大小相同、高低一致的方亭错位地连在一起，既有相靠之意，也有依恋之情，正可谓："依山傍水青川内，恋景生情绿野中。"有人曾写过一首诗迸发出这样的咏叹："燕雀高飞晴朗天，山峡景色惹缠绵。依恋亭上手牵手，游览途中肩并肩。"

好了，拥碦河主河道我们到这里就结束了。走到这里还有四条路线可供选择，一是沿主河道的另一侧走回去，二是乘坐游览车沿公路回到出发地，三是步行进入龙吟谷，四是通过巨石川、木兰谷穿越大石湖。

【冰封谷游赏区（自下而上）】

所谓冰封谷，顾名思义是这里冬天冰厚雪深，春天冰雪消融相对迟缓。这里原来的名字叫"砬缝"，可想而知，砬缝中阳光照射时间短，才出现"山谷冰封融化慢，春天脚步到来迟"的现象。

大家看，冰封谷的山口是一处三弯折曲、落差较大的飞流悬瀑。每年冬季，这里的飞流由轰鸣作响的水瀑变成涎流冰越积越大的冰瀑。春天到来之际，拥硌河早已冰化河开，而这个冰瀑却迟迟不融，故称"冰瀑春晚"。

我们沿这个栈桥往上走，左侧是一条蜿蜒起伏、高低错落的石龙山，我们称它为"石龙挽水"。看，这是龙头，往上就是龙身了，从龙头到龙尾延长100多米。如果不是这条石龙挽水，这条小溪就不敢说要流向哪里。

看，右边两块大石，它原是一个整体，也不知何年何月因何缘故它坼裂成两块，虽然裂痕坼隙的弯曲度是一样的，但却永远不能复原，我们称它"一分为二"，可见大自然的鬼斧神工。

这块大石刚好卧于峡谷之间，部分溪水从石上泼下，我们便称它为"泼水石"了。

看见右边那处小叠水了吗？它由山谷里的一股小溪而荡成，因受旱涝影响，水流大小不同，丰水季节更显漂亮，我们称它为"一缕流帘"。

这个地方乱石密集，溪水或在石上跌下，或在石隙涌流，呈现出"乱石叠水"的景象。

这段实木栈桥总长220米，走到栈桥的尽端，我们便可以看到一个奇异的石景。从北往南看，它好像一只海豹；从南往北看，又似一只鸽子，可以说是一石二景。从两侧看，不管是像海豹，还是像鸽子，它都昂首向上，目不转睛地仰望着万里苍天，我们称它为"昂首"。

昂首处是一个三岔口，打这往左走，途经760米可到达抗联遗址；右上行，途经 3500 米可达到龙吟谷入口。"昂首"上部这一带地势平缓，树木高大，堪称"森林浴场"。

（1）我们往左走，可经抗联遗址返回拥硌河游览区的入口。区间，我们路过"小天门"，它是石龙挽水的凹陷处，小天门的南侧是冰封谷，北侧便是抗联遗址了。

在接近抗联遗址的步道上，我们看到一处树木景观，称作"枫掌托天"。它实际上是一棵色树，即五角枫。奇怪的是这棵五角枫上部分出五个大树杈，并向一侧倾斜，好像一只大手掌，托起明天，托起太阳。

（2）我们往右走，奔向龙吟谷。大石湖风景区是本溪市市花——天女木兰的聚集地，大石湖景区的木兰谷游览区是典型的代表作，那么冰封谷也有一处天女木兰的密集地，那就是眼前的"木兰崴"。这里有野生天女木兰近 200 丛，可以说是天女木兰的精华浓缩。我们沿着这条步道走上去，就可观其芳容。若是在初夏时节，您不仅可以赏其妩媚，还可嗅其芬芳，那可就如痴如醉了。

我们从木兰崴下来，回头看山旁那块大石，若从下边主步道上看，它很像一只大脚，上端是脚趾，下端是脚后跟，脚乃足也，我们故称它为"知足而乐"。人到知足处，岂不乐乎？就这个景点而言，首先能看出它真的像一只脚，那才叫知"足"；石趣横生，令游人捧腹而笑，那叫"乐"。在现实生活中，我们经常听到"知足常乐"这个千古不朽的名句，可见，知足是人生的最大快乐。今天，大家来到我们这里，我相信你一定会知足，是因观赏到了美景而知足，是因得到了启迪而知足，那就乐在其中。是这样吧！

这个大山崴也比较开阔，我们计划在这里打造一片"百花园"，待实施之后，这里就成了春季踏青赏花的目的地了。走到这个地方，我们见到碴子更多一些，真正的"碴缝"就源于这里。

大家回头看，那是一道横卧于半山之中的石崖，下有古树攀岩，上有苍松摩天，如同一堵大屏风，成为百花园的背景墙。看到山脊上那块大石了吗？它真的好像一只雄鹰，大有振翅欲飞之感，我们借此景将这道山崖命名为"飞天崖"。可道是:"高崖成岭半山横,脊上奇石化巨鹰。头向远方双展翅,恰如跃起傲长空。"

大家看这块大石,它的前方有一个眼窝,好似凤凰的眼睛,我们便称它为"丹凤朝阳"。

丹凤朝阳的左上方是一个既高又大的石厦,下面这个大石棚可容纳几十人在此遮阳避雨,足见天公造物的神奇。大家看一下,上面翘起的那块大石好像一头大鳄鱼,我们姑且称它为"巨鳄仰天",与下边的丹凤朝阳相呼应。

再看左上方那座大石峰,远望就像一个石人耸立在那里,头上戴着一顶大帽子,额、眼、鼻、颌清晰可见,我们称它为"加冕峰"。

加冕峰北侧那座石峰,远看上部像一幅人物的半身雕像,有人说它像一位古人,也有人说它像一位仙人,不管像谁,我们就叫它"肖像峰"最贴切不过了。

肖像峰左上方更远一些的那个更大的岩峰,其上又挺起若干个小石峰,我们称之为"碉堡峰"。碉堡峰周围石景颇多,如"八戒下山",一个重叠大石,模样好像大腹便便、肥头大耳的猪八戒。有人用一首小诗描绘它:"八戒下山心不慌,中途伫立问苍茫。方知此地风光好,发誓永别高老庄。"词句不多,诙谐有趣。

这些大石峰从游览区公路上看,均可见其雄姿。刚才说过,冰封谷的步道连接抗联遗址和龙吟谷,无论从抗联遗址上来,还是从龙吟谷进来,均可走到这里。

【龙吟谷游赏区(自下而上)】

龙吟谷,原称龙爪沟。山谷中一条小溪蜿蜒起伏地穿越于巨石错落的谷底,犹如一条银光闪亮的长龙,盘旋奔腾在山川之内。龙吟谷山路曲折,密林掩月,溪流及两岸的大石布满青苔,苍翠如茵,充满了一片绿意。溪水层层跌落,掀波作浪,轰然奏响,弹奏着永不休止的音符。"翠绿""轰鸣"是这里突出的特征,可以说是："树绿石绿千山绿，风声水声万籁声。"

说着，走着，前面出现了一个极为秀气的小景点，溪水从那个大圆石上涔涔流下，形成一个裙状的小水幔，好似一朵绽放的芙蓉，我们称它为"水裙花"。这个景点虽说小巧玲珑，可竟能引人驻足，不忍离去。

看到右边那个小砬头子吗？它独耸于溪旁的山坡上，如囱似塔。难得之处是它上面长着一丛娇柔的天女木兰，我们称它是"木兰塔"。

这三块大石相依相靠横截于小溪之中，其下形成一个小水潭。雨季水从石上飞流而下，显示出一幅壮美的水瀑景观。左边那块大石上如弓，下如弦，前有头，后有尾，有如山龟状。我们就管它叫"山龟浴水"了。

这里生长着一大片软枣（猕猴桃）藤子，有的攀挂在高大树木上，有的匍匐在低矮植物上。藤缠树，树牵藤，拉拉扯扯，缠缠绵绵，我们称之为"千丝万缕"。

这一带大石密集，相拥成景，山谷落差及密集的大石将溪流截成几处叠水，叠水湍泻，飞花溅浪，光映云天，声震山川，我们称它为"玉莲叠起"。为便于观景，我们在这里加设了双向步道，从两侧均可看到这美丽的景色。

这是一条多弯多折的岩底长涧，是龙吟谷中较为壮美的景观。看，溪流盘旋急下，银光闪亮，如一条巨龙从云中翻卷而下，奔腾咆哮，一直冲向谷外，我们称它为"银龙狂舞"。

这段溪流中石多苔浓，每块长满青苔的绿石，都如一簇簇小巧玲珑的盆景，装点着这段淙淙流水，使这里的景色更加亮丽。故此，我们将这个景点称为"绿石散玉"。

这段溪流也有银龙狂舞的气势，只不过是短了一些，我们称它为"白蟒下山"。

走到这里，我们看见溪水被几块大石拦截，形成似瀑非瀑的奇妙景观。因我们要朝着冰封谷的方向攀登，只好离开这条溪流。其实，这条溪流还很远很长，我们就称这里是"源远流长"吧！

爬上这段石阶，走上小溪的高岸，可见一片巨石卧于林下，我们称之为"石丛迎宾"。

我们沿着这条山路继续向上攀登，眼前展现出三座高大的石峰，秀美之处在于每座石峰都是由若干块大石垒成，并有独特的造型。石峰的石台和峰顶上长着各种树木，将石峰打扮得分外壮丽，大有三足鼎立之势。故此，我们将这三座石峰称为"鼎峰"。

绕过鼎峰，我们就到达冰封谷的地界了。

【向阳坡游赏区（从石门峰入口上行）】

向阳坡，原称大阳坎，是拥碚河西侧的大山坡。我们从这条步道走上去，可从巨石川游览区的入口处返回；也可通过木兰谷游览区，从大石湖景区五龙湖游览区的入口出去。

在向阳坡游赏区，我们可以近距离地观赏石门峰、神力峰、淑女峰、猩龙峰、悬塔峰、石佣、聚仙峰的雄伟，也可远距离地眺望对面飞天崖、加冕峰、肖像峰、碉堡峰的壮观。

我们沿着这条步道拾级而上，就可看见一片石峰耸立于向阳坡的半山之上。这里的石峰既有高低之分，也有大小之别，形状各异，景物不同，给景区增添了一处十分诱人的景象。说着说着，眼前出现了一个通透的大石缝，石缝上夹着一块大石，使这道缝隙成为一个永久敞开的大石门，"石门峰"的名字就因为这个石隙而诞生了。这正是："绵亘青山游路弯，攀登峻峭汗湿衫。悬石岩隙开门洞，远望峰高天更宽。"

这座大石峰叫"神力峰"。从正面看，岩峰上端有两块接近方正的明面大石，上一个大石的左下角有一个"力"字，字形类似楷书，笔锋遒劲，浑厚自然，给人以力大无穷、神力难为之深远意境。有人猜想这一定是谁刻上去的，实话告诉你吧，那可是地壳运动岩石剥蚀的杰作呀！近看"力"字的笔画是深陷的石缝，这真是天公作美！"力"，不仅指改变物体运动状态的作用，还指力量、能力，尽力、努力。就一个人而言，要想生活、工作得更加充实，基本要素是需要有体力和智力，更需要努力、尽力。就一个整体而言，需要凝聚力、开创力、战斗力。那么，大家看过这个神力峰之后，一定会力量倍增吧！那就会不辞辛苦，不怕疲倦，不畏困难，坚定不移地走向未来。

路过神力峰，继续向上攀登。这里还有一座石峰，它的上端站立着一个石人，但见"石岩挺起立独身，侧看清晰若美人。站在高山羞远客，裹头遮面系围巾"。应该说她好像一个女人的头像，我们称它为"淑女峰"。淑女的口、鼻、眼、额清晰可辨，大有"怀抱琵琶半遮面"之意，她在这里迎接远方的来客。

您看，这座大石峰，前边突显一个大脑袋，眼深嘴阔，很像一张大猩猩的脸，目不转睛地注视着前方。它的头上扬起两个细高的石柱，好像两个龙头，奔向长空。因此，我们称它为"猩龙峰"。谐音"兴隆"二字，引申为生意兴隆、事业兴隆。猩龙峰下巨石滚滚，系典型的"倒石堆"地质结构。

这处景观称作"悬塔峰"。大家走到近前便可一见分晓，悬塔峰的下面是一个巨大的岩石基座，也不知是什么力量从哪移来这块大石安放在这个磐石基座上，形成悬根斜塔状态。这个悬塔的根部一半悬空，上部并向一侧倾斜，有人怀疑是否能推倒它，其实，光靠人自身的力量是推不倒它的。这处景观，给人以惊叹，给人以震撼，不虚此行吧！

看见那个孤立的石人了吗？我们称它为"石佣"。她好像一位唐代的胖女人，头上梳着燕尾发髻，身上披着款衣长衫，是不是唐代某女子走到此地僵化成像了呢？可谓是："只身孤影站林间，举目桑田已变迁。往事如烟千载过，今朝盛世史无前。"

前边就是"聚仙峰"了，聚仙峰下是通往木兰谷、拥硌河、石峰岭的三岔口。我们沿着聚仙峰的下行步道就可回到巨石川游览区的入口——依恋亭处。

拥硌河游览区美景诱人，令人向往。某省领导看过之后，非常感慨地说："真没想到辽宁还有这么美丽的地方，这简直就是梦幻世界！"

【巨石川游览区（从依恋亭出发上行）】

巨石川，原称八家子。由石峰岭下的数座石峰和石峰下的石坡所构成。巨石川是通往大石湖景区的步行区域，该区域内十几座花岗岩石峰如堆如砌，高耸入云。石峰下滚石密集，方圆几百亩。这些滚石大小不等，形状各异，密集之处既如石林，又似迷宫，给人以神奇之感，堪称"林下石海"，形成一派"树木掩苍天，巨石满山川"的奇特景象。据地质专家分析，这里的地质现象属典型的"倒石堆"地质结构，这些石峰在自然力的作用下年复一年地剥蚀分化，耸立的石峰如同堆砌状，脱落下来的大石形成石堆、石窟、石阵、石坡。我们从这里出发，经巨石川游览区攀登石峰岭，从石峰岭进入木兰谷游览区，经五龙湖游览区，即可从大石湖景区入口走出去。这段路程约 10 公里，需要付出一定的艰辛和努力。大家要熟记《旅游线路示意图》上的温馨提示："穿越高远，勇者当攀。沿途美景，秀色可餐。畅游仙境，魂梦相牵。跋山涉水，切记安全。"

沿着这条登山步道向上走去，穿过松林，就会看见一个奇石景观，我们称它为"青鲨弃海"。这块大石长约 10 米，高约 5 米，好像一条大鲨鱼，可能是沧海变成桑田之时遗留下来的吧！它放弃了大海的喧嚣，留在深山老林中过着深谧的生活，给游人带来一丝丝快慰。

我们称这个景点为"白豚迷路"。经地质专家研究发现，本溪地区原来是一片汪洋大海，那么，这个白豚可能也是大海移为陆地之时僵化而成的吧！

我们称这个景点为"石下泉涌"。大石的右边涌出一股清泉，终年不断，山下的牧羊人常赶着羊群到这里饮水。故此，这个景点也叫作"羊泉"。

过羊泉往左拐，就可看到部分石阵了。这段路好陡啊，大家要奋力攀登，才可走上去。看，左侧这两个小碴头，犹如两个石人站在那里，面对面，不作声，我们称它为"对面无语"。

从左侧上去，这就是"聚仙峰"。大家随我从这个小石洞钻过去，就可领略聚仙峰的雄姿了。聚仙峰是一处巨石簇拥的大石堆，十几座峰岩相拥相靠，峰尖（碴头）耸起，高低错落。聚仙峰占地面积几十亩，好似一些仙人聚在一起谈经论道。在聚仙峰上，很多石峰就是由若干个巨石落在一起的，形成诸多石垛、石台、石隙、石窟、石峡。石峰上树木攀岩，树与岩相互衬托，更显壮观。

我们可以站在石台上极目远眺，聚仙峰远近的风光一览无余，令人陶醉，令人兴奋。此时此景，你不免也会仰天长啸：啊！太美了，这简直就是人间仙境啊！

看见那个背上长有绿苔的石龟了吗？它头朝下倒悬在石壁上，给人以活灵活现的感觉，我们称它为"倒挂金龟"。都说龟是吉祥物，人们来此旅游，看见这只倒悬着的金龟，一定给您带来好运，使您身心康健，永葆青春。正是："石岩半壁挂金龟，不慕黄莺绕树飞。永在山中迎贵客，携来福寿伴君回。"

这又是一个石窟，也是一个可以通人的小石门。大家可以在这里拍照，留下深刻的记忆。

右手边那个石峰是"虎头峰"。这片石峰也是由几个大碴子连接而成，那探出部分侧看如虎头，给人一种虎虎生威的感觉。

路过这片松林，眼前又呈现出林下石海的景观。林下巨石挤挤压压，层层叠叠，实属罕见，象形石不计其数，俨然如雕，令人震撼。人们观赏之余，一定顿生快慰，乐趣无穷吧！这才是："走上高坡仰峻峰，群山万里木葱茏。深情漫步林川内，惬意置身石海中。"

这个石堆尖峰如削，其中最高那个既扁又尖的石峰像不像一只船帆呢？我们姑且称这个景点为"一帆风顺"。希望今天的游程一帆风顺，大家的事业一帆风顺，一顺百顺，万事顺意！

这个高大的石峰，我们称之为"万寿峰"。大家回头斜上看，石峰顶端好像一个人头，有如一位老寿星，永远矗立在这大山里。可道是："长生绿树千秋翠，不老青峰万寿春。"

大家随我来到这个观景台上，回头看那个石峰的顶端，其造型好像一只卧着的石犬，尤其头部更像，那我们就叫它"神犬峰"了。

大家再往那边看，我们称它为"二郎峰"。若走到那个石峰的后面看，便可清晰地看到石峰上凸起两个尖峰，其中一个颇像石人。这边是神犬峰，那边是二郎峰，此时你一定会联想到杨二郎的传奇故事。很多人都看过《西游记》和《封神榜》吧，书中描述的杨二郎，何时跑到我们这里了呢？

巨石川这些石峰各有象形，一峰一姿，一岩一态，把景区装饰得分外雄伟和壮丽。

好了，前面就是石峰岭了，它是老边沟景区与大石湖景区的连接线，从这里下去就是大石湖景区的木兰谷游览区。

【万象谷游览区】

万象谷，原称车辖辘沟。东临天华山，西连拥硌河，该景区分为玉龙峡、老麦垛两个游赏区，是户外旅游的最佳目的地。

【玉龙峡游赏区】

玉龙峡，原称大龙道沟。玉龙峡得名于这条"涧槽飞流"，这是玉龙峡最有代表性的奇特景观。涧槽两侧是高拔的石壁，一条溪水从涧槽中蜿蜒飞流，如银龙从天而降，轰隆作响，气势磅礴。涧槽总体呈降坡状态，个别地段偶遇陡峭，流水猛跌，形成瀑状水幔。涧槽间断地分布一些大石，形成若干处奇特景观。涧槽两侧高树掩映，走出涧槽，可见山峰林立，怪石重现，森林景观尽收眼帘，让人感到十分惬意。

【老麦垛游赏区】

老麦垛，这座突兀挺拔的石峰，海拔 1021 米，崛起在本溪老边沟景区与宽甸天华山景区的分界线——"老麦垛岭"上。

老麦垛岭因地势高，气候凉，形成植物垂直分布现象。岭脊上少有树木，多低矮杂草，岭脊两侧的树木也长得低矮，蜷枝曲干，当地人习惯称"小老树"。

当您走进万象谷游览区，老远就可眺望到这座鹤立鸡群的老麦垛。老麦垛总体呈圆形，上尖下粗，高约几十米，它如一座高塔屹立于长岭之上，又如一鼎大钟悬挂于苍天之中。它是游览区的特殊景观，更是游览区的灵魂。

据说很早以前，老麦垛这里原本没有这些石峰，尽是高山坡地。这一带居住着三屯四堡的农户，山民们以打柴、耕作、狩猎为生，终因交通不便，气候冷凉，粮谷歉收而食不饱腹，艰难度日。一天，神农氏闲游路过此地，见这里民不聊生，苦不堪言，便请求托塔李天王搬来了这座圆如钟、高如塔的石峰压在长岭之上，震住了这里的妖邪。从此，这里绿树成荫，五谷丰稔，百姓过上了自给自足、富庶有余的生活。从那以后，当地人就称这座石峰为"老麦垛"，这道岭就叫作"老麦垛岭"了。

传说只是一个动听的神话，老麦垛，确是一座秀美的石峰。我们难以考证传说的真伪，难以计算老麦垛的轻重，但这座高兀的老麦垛的确给景区增添了无限的光彩和魅力。老麦垛矗立在峻岭之巅，突兀高大，浑圆一体，顶天立地，有拨云揽月之势，有撼山动地之威，可谓壮观，可谓雄伟！

王安石在《游褒禅山记》中写道："世之奇伟瑰怪，非常之观，常在于险远，而人之所罕至焉，故非有志者不能至也。"老麦垛之高，老麦垛之美，是大多旅游者的向往，但必有毅力和决心，才能攀上顶峰，正所谓："欲穷大地三千界，须上高峰八百盘。"攀上老麦垛，远望天壤相连，近观群山起伏，确有"海到无边天作岸，山登绝顶我为峰"的灵感。

老麦垛的神威，令人肃穆；老麦垛的高大，令人敬仰。到达老麦垛脚下，与它零距离接触的时候，它给予人们一种慰藉，令人淡定；它给予人们一股力量，令人坚强。老麦垛，是万象谷游览区的一个标志，是老边沟旅途中的一座丰碑。

东北抗联史实陈列馆

前　言

东北抗日联军是中国共产党创建和领导的一支重要抗日武装力量。在中华民族危亡的紧急关头，东北抗日联军率先实践了中国共产党"抗日救亡"的主张，建立起了广泛的抗日民族统一战线，在东北人民的支持下，高举抗日救国的伟大旗帜，同日本侵略者进行了长达14年艰苦卓绝的英勇斗争，牵制和消灭了敌人大量的有生力量，为赢得中国人民抗日战争及世界反法西斯战争的胜利做出了不可磨灭的贡献。

在整个中国人民抗日战争中，东北抗日联军的抗日斗争开始时间最早、持续时间最长、斗争环境最艰苦。面对严峻的战争考验和极端恶劣的生存环境，东北抗日联军的英雄们以坚定的革命信念、高度的智慧和不屈不挠的意志，前赴后继、浴血奋战，用血肉之躯筑起了保家卫国的钢铁长城，用气吞山河的英雄气概谱写了惊天地、泣鬼神的壮丽史诗。

第一部分　日本帝国主义对中国东北的侵略

第一单元　"九一八"事变的爆发与东北沦陷

【"九一八"事变的爆发】

1868 年，日本明治维新推翻了封建制的幕府统治，建立了以天皇为首的地主资产阶级联合政权，迅速走上军国主义和侵略扩张之路。日本明治天皇睦仁为实现称霸亚洲、征服世界的"大陆政策"，1927 年 6 月 27 日至 7 月 7 日，日本首相田中义一（右三）在东京主持召开东方会议，确定了"惟欲征服支那，必先征服满蒙；如欲征服世界，必先征服支那"的对华侵略纲领，加快了对中国东北的侵略步伐。1931 年 5 月，日本关东军司令部制定了《处理满蒙问题方案》，强调了在非常情况下，关东军将自行决定占领满蒙。随后，日本关东军以参谋旅行的名义非法到东北各地进行军事侦察活动，并在东北频繁地进行军事演习，这是关东军进行"现地战术进攻"的军事演习。1931 年 9 月 10 日，关东军将号称"陆军之珍宝"的两门 24 厘米榴弹炮秘密运到沈阳，目标对准北大营和东塔机场。1931 年 8 月，激进的军国主义分子本庄繁就任日本关东军司令官。本庄繁毕业于日本陆军士官学校，1921 年曾任张作霖的军事顾问，是个"中国通"。作为发动"九一八"侵华事件的主要策划者之一，"九一八"事变后本庄繁指挥日军侵占了中国东北全境，并参与炮制伪满傀儡政权，由于侵略中国有功，后来得到男爵称号，并升任陆军大将，于日本投降后自杀。1931 年 9 月 18 日上午，"九一八"事变的主要策划者关东军高级参谋板垣征四郎

（左）与日军参谋本部作战部长建川美次少将分别从沈阳和日本到达本溪湖，密谋决定于当晚发动事变，随后两人从本溪湖火车站乘火车前往沈阳。日本帝国主义经过长期的阴谋策划和准备，于1931年9月18日夜10时20分许，自爆南满铁路沈阳柳条湖路段，反诬这是驻北大营的中国军队所为，以此为借口炮轰北大营中国守军，占领沈阳城。这是南满铁路被炸现场。这是日军绘制的柳条湖附近图，日军炮轰北大营、占领北大营。1931年9月19日晨，攻占沈阳外攘门的关东军居高临下向城内射击。日军占据东三省兵工厂、东三省官银号。据不完全统计，"九一八"事变中仅东北官方的财产损失即近18亿元。

【东北四省沦陷】

随着"九一八"事变的爆发，驻守在各地的日军向中国东北发起了全面进攻，仅18个月的时间，日本侵略军侵占了辽、吉、黑、热东北四省。这是日军侵占东北要图。1931年9月19日，关东军进犯长春，炮轰长春宽城子东北军驻地，一天之间即侵占了抚顺、本溪、铁岭、营口、安东（丹东）、长春等重要城市。这是日军占领营口。日军占领长春后，迅速向省城吉林市进犯，1931年9月21日，日军侵入吉林市。当时的吉林省代主席、军署参谋长熙洽投降日军，并命令驻吉林的东北军"急速撤走、不准抵抗"，致使日本侵略者仅用6天的时间即占领了吉林省大好河山。1931年11月初，日军集结重兵进犯黑龙江省；19日，日军侵入齐齐哈尔，黑龙江省沦陷。1931年11月24日，日军占领新民县。随后，日军调集4万兵力，三面包围辽西重镇锦州。1932年1月3日，日军占据锦州，在城门上狂欢。1932年2月5日，日军侵占哈尔滨。仅仅4个月零18天，辽、吉、黑东北三省沦陷。1933年1月，日军在锦州设置了进攻热河的总指挥部，调集10万日军进攻热河；1月3日，日军攻占山海关；2月21日，日军向热河进犯；3月4日，东北四省的最后一个城市——承德失陷。日军占领热河后，在锦州的日本关东军司令官武藤信义及其幕僚们把盏庆功，同时又下令进攻长城各口，欲越过长城向我国华北进犯。这是日军向古北口长城进犯。这是日军占领长城后，在长城上欢呼。5 月 31 日，中国政府被迫签订中日《塘沽停战协定》，国民党政府认可了日本对东北四省的非法侵占，以长城与伪"满洲国"划界，关东军才暂时停止了进攻。日本侵略者仅用 18 个月的时间即侵占了全东北，从此，东北人民蒙受了一场前所未有的长达 14 年之久的灾难和浩劫。

第二单元　日本法西斯对中国东北的血腥殖民统治

日本法西斯侵占中国东北后，拼凑了以溥仪为代表的傀儡政权——伪满洲国，实际上东北成了日本的殖民地。从此，东北人民遭受了 14 年的血腥殖民统治。

日本法西斯为了镇压东北人民的反抗，维护法西斯统治，对东北人民进行残酷的政治压迫、精神摧残和军事镇压，东北人民惨不堪言，东北大地尸横遍野。同时，日本法西斯在中国东北极力推行殖民地的经济统治政策，把东北变成了其扩大侵略战争的物资供应基地。

【拼凑傀儡政权】

日本帝国主义为了长期霸占中国东北，决定建立一个以日本人为盟主的"五族共和国"。1931 年 9 月 22 日，日本关东军制定了《满蒙问题解决方案》，搜罗了以溥仪为代表的汉奸、卖国贼，拼凑了肢解中国的傀儡政权——"伪满洲国"。他们表面上把伪满洲国打扮成"独立国家"，实际上一切大权都操纵在日本关东军手里。1931 年 9 月 26 日，在关东军的策划下，汉奸熙洽抢先宣布"独立"，自任伪吉林省长官公署长官。1931 年 12 月 16 日，关东军推出"九一八"事变时被软禁的原辽宁省主席臧式毅，任伪奉天省长。1932年1月，张景惠按照关东军的安排，宣布黑龙江省"独立"，出任伪省长。溥仪是清朝的末代皇帝，1912年退位后，一直梦想复辟清王朝。1931年11月10日，在土肥原的策划下，溥仪由天津偷渡到了东北。1932年3月9日，在关东军的导演下，溥仪充任伪满洲国"执政"，年号"大同"。1932年9月15日，关东军司令官武藤信义同伪满洲总理郑孝胥在长春正式签订了《日满议定书》，确定了日本在中国东北享有一切主权，包括驻军权和永久占领权。从此，中国东北成了日本帝国主义的殖民地。这是《日满议定书》汉文全文及原文签字部分。1934年3月1日，关东军导演了溥仪称帝的滑稽戏，年号由"大同"改为"康德"（图为溥仪在勤民楼正殿举行登基大典后，与太上皇关东军司令官菱刈隆等在承光门前合影）。伪满洲国是一个由清朝遗老遗少、奉系军阀、亲日汉奸拼凑起来的傀儡政权，这些汉奸因为卖国有功，被关东军封赏为伪总理、伪大臣等官职，成为遗臭万年的民族败类。这是伪满洲国国务院、警察厅、宪兵司令部、新京监狱及绞刑室。

日本帝国主义对伪满洲国的控制是通过日本关东军来进行的，关东军历任司令官是这块殖民地的最高统治者。这是1930～1945年关东军历任司令官，左起：菱刈隆、本庄繁、武藤信义、南次郎、植田谦吉、梅津美治郎、山田乙三。设在长春的日本关东军司令部是对中国东北进行殖民统治的大本营，关东军司令官定期拜会溥仪，把他们的决定和要求通知溥仪，以此来操纵这个傀儡皇帝。溥仪同样也要定期拜会关东军司令官以表"忠心"。此外，关东军还在溥仪身边派遣一名长驻代表以"皇帝御用挂"的身份来严密监视、控制溥仪的一举一动。这是关东军所属部队一览表。

【摧残民族意识】

为变东北为日本永久的殖民地，日本帝国主义在中国东北强制推行殖民地的思想文化和教育政策，在精神上极力摧残东北人民的民族意识和爱国主义思想，妄图把中国人民愚弄成俯首帖耳的亡国奴。1932年10月，伪满公布的《出版法》规定，凡带有中华民族意识的进步刊物，一律禁毁。仅1932年3～7月就焚书650万册，这是日伪搜缴的进步书刊。这是操纵东北新闻舆论的重要机构——日本人成立的"满洲弘报协会"。这是伪满发行的《满洲国政府公报》《大同报》《盛京时报》及为日本殖民统治服务的图书。日本在东北大肆宣扬"民族协和""日满一德一心"，东北的大街小巷到处是从日本输入的为日本歌功颂德的电影、图画等宣传品，电台播放的是日本音乐。这是美化日伪警察的电影《铁血慧心》。这是日伪时期的本溪湖电报电话局。为了愚弄、奴化"满洲国民"，日伪在东北各地修建纪念碑及忠灵塔，为侵略者歌功颂德，这是日本建在长春、奉天、哈尔滨、齐齐哈尔、承德的忠灵塔。这是日伪在山海关附近修建，用以欺骗民众的王道乐土大满洲国碑。日伪在东北各地建立神社，勒令全体国民信奉并加以祭拜，这是日伪建在大连、鞍山、安东的神社。这是强迫学生参拜日本的"天照大神"。天照大神即日本神话传说中最核心的女神——太阳女神，被奉为日本皇室的祖先，天皇是天照大神子孙。日伪极力破坏和摧残东北的学校教育，实施以奴化教育为中心的殖民地教育体系。这是日伪召开"东亚教育大会"。日伪强制推行日语教育，定日语为"满洲国""国语"，强迫学生学习。这是向小学生讲授"建国精神课"。日伪令学生每天向日本天皇"遥拜"，并令学生用日语背诵伪满洲国《国民训》。日本在东北还推行了十分恶毒的鸦片政策，残害东北人民，这是安东鸦片专卖署。伪满在各地成立"康生院"，名为戒烟，实是变相的贩毒机关和讹诈烟民的拘留所，这是本溪湖大烟馆、康生院旧址。

【残害东北同胞】

日本帝国主义为了镇压东北人民，建立了一整套军警宪特机构，颁布了一系列反动法令、法规，任意抓捕、监禁、残害、屠杀东北人民。东北人民无家可归，流离失所，东北大地处于极度的白色恐怖之中。这是日伪编制莫须有的罪名，屠杀东北民众。这是日本关东军砍杀我同胞的一刹那。日本侵略者侵占中国东北130万平方公里的大好河山，给东北人民带来了深重的灾难，无数无辜的百姓在日军的炮火下丧生。日本侵略者在进行军事讨伐的过程中，实行惨无人道的"三光政策"，随意屠杀中国民众，常常把数百人、数千人集中起来实行大屠杀，制造了多起惨案。这是日本侵略军在辽宁铁岭屠杀我国民众后，把首级悬挂起来。1932年9月16日，日本关东军以抚顺市平顶山村居民"通匪"为由，将全村3000多居民驱赶到平顶山下，用机枪扫射，进行大屠杀。这是平顶山惨案现场挖掘出土的遇难同胞遗骨。日军疯狂屠杀辽西二车户沟村民，这是日本士兵砍下中国人的头颅后留影。这是日军用铡刀疯狂屠杀无辜的中国百姓。这是在辽西凌源被日军杀害的我同胞的头颅。这是日军杀害我抗日爱国志士。1937年2月23日，日本守备队在本溪桓仁县西关外浑江，砍出大冰窟窿，将放下武器的抗日山林队及义勇军300余人挑死塞进冰窟窿，史称"西江惨案"。这是西江惨案幸存者孙忠臣。1936年9月7日至10月下旬，驻本溪桓仁日本宪兵队先后逮捕桓仁115名以知识界为主的爱国人士，制造了"桓仁救国会惨案"。这是桓仁救国会被逮捕的部分人员。1936年秋，安东（今丹东）以教育界为主的救国会遭敌破坏，制造了骇人听闻的"安东教育惨案"。这是当时任安东教育局局长的邓士仁。

　　日本侵略者为了切断人民群众和抗日武装的联系，从1933年开始强制推行归屯并户，制造"集团部落"和"无人区"。1933年12月3日，日本关东军司令部下达的《集团部落建设计划》的秘密档案中对修建"集团部落"的目的表述得十分清晰："为了确立治安，使民匪分离，断绝其对匪团的粮道和武器弹药补给途径，（使匪贼）欲穿无衣，欲食无粮，欲住无屋，绝其活动之根源，使其穷困达于极点，俾陷于自行歼灭之境。"日本关东军档案中提到的"匪贼""匪团"，都是专指东北抗日联军。到1939年时，全东北共建成"集团部落"12565个。这是1935～1937年，日伪在东北制造"集团部落"统计表。日军在烧光、杀光、抢光的"三光"政策下建立起来的"集团部落"遍布东北全境，有500万以上的农村人口被强行迁入了实行残暴统治的大屯子里，这是日伪使用"三光"政策将百姓驱赶入"人圈"——"集团部落"。一户不愿入"人圈"的农民全家被杀光。被赶入集团部落的百姓食不果腹，衣不蔽体，此时的敌人认为，纵然老百姓有援助抗联之心，也难伸出援助之手了。在"集团部落"内部，为了防止老百姓援助抗联部队，日军在"集团部落"内部实行极其严格的"保甲制度"和"十家连坐法"，即一家援助抗联，十家同时论罪。除此之外，他们还制定了专门防止老百姓支援抗联部队的具体规定，比如外出或来客必须到警察所报告，经批准后才能外出或留宿客人；"集团部落"中12岁以上的住户必须随身携带身份证明书，出入都要严格检查；为了防止老百姓给抗联部队送粮，"集团部落"不仅实行严格的粮食定量，平时外出下地干活也只准带一顿饭的干粮。"集团部落"周边禁止种可直接食用的土豆、地瓜、玉米、豆类作物，增修了"警备道路"，"警备道路"附近禁止种高棵植物。与此同时，日伪军组织人力对山中种植的粮食、蔬菜及抗联储藏粮、物的密营仓库进行破坏。"集团部落"的四周布满铁丝网，群众被围在里面毫无自由，每天在日军武装威逼下从事繁重的劳动。"集团部落"坚固的围墙和深壕，可以防止人们逃跑和抗联部队的攻击。这是日军在空中拍摄的"集团部落"照片。

日本侵略者不顾国际公法、违反人道主义原则，在中国进行细菌实验和细菌战，其残忍程度举世罕见。"九一八"事变后，日本关东军根据日本天皇指令在哈尔滨城郊平房和长春孟家屯设立"731"和"100"两个进行细菌战的秘密部队，用活人进行惨无人道的细菌试验，手段多达几十种，其残忍程度举世罕见。731部队初建于1933年，1936年改称"关东军防疫给水部本部"。这是731部队本部大楼。这是731部队高级军官于1943年在哈尔滨平房本部合影。这是细菌战犯，731部队第1、第2任队长石井四郎和北野政次。关东军将逮捕的潜入中国各地的苏联红军情报人员、在作战中成为俘虏的中国红军、参加抗战的各阶层爱国志士及其家属等，通过所谓"特别移送"转到731部队，被称为"马鲁大"供恶魔做实验用。这是被"特别移送"的所谓"苏谍"赵成忠及其"特别移送"指令。"731"魔窟的各种实验室大多设在口字型楼的2、3层，而其核心研究机构鼠疫研究班和病理研究班则设在楼外的两栋平房里，这里邻近监狱和解剖室，提取"马鲁大"方便，且处置完后可以直接通过隧道送到地下焚尸炉。731部队惨无人道地进行人体试验和活体解剖。恶魔们每天要实验3～5人，10年时间里约有14600余人惨遭屠戮。日本战败后，原第731部队的成员在接受审判时供认"731部队陈列室里的标本，终年都是新鲜的"。731部队中约有4500个饲育鼠疫、跳蚤的器具，在两个多月中，可以"制造"几十公斤的鼠疫跳蚤。他们向健康的人身体内体注射各种细菌疫苗，试验其死亡时间的长短及效能；用爆炸法使受害者感染细菌；用飞机空投带有细菌的粮食等物品，中国人民深受细菌战之害。这是日军731部队用活人解剖进行细菌实验及活体解剖时使用的截骨锯。日军遗留的毒弹，至今仍严重威胁着中国人民的生命安全。这是1982年7月16日，牡丹江市政工人孙文斗在水下施工时，遭受日军遗弃毒弹伤害，双腿糜烂。

【疯狂的掠夺】

日本侵占东北后，极力推行殖民地的经济统治政策，在中国东北横征暴敛，掠夺东北资源。为了掠夺资源和战略物资，千方百计地垄断东北经济，肆意进行经济搜刮，把东北变成了其扩大侵略战争的物资供应基地。为了垄断东北金融，控制经济命脉，日军首先占领了东三省官银号等在东北起决定作用的重要金融机构，并在长春建立了伪满中央银行，统一发行货币。日伪采取强制储蓄、摊派公债等手段榨取东北人民的血汗，这是伪满中央银行发行的货币、债券和彩票。随后攫取东北的铁路所有权，全面霸占东北铁路及水陆、航空、交通设施。这是日本强行占领大连码头后从大连港外运燃料。营口港是日本帝国主义掠夺东北经济资源的主要港口之一，日本统治者通过港口把大批煤炭、钢铁、木材、粮食等物资运往日本。这是从长白山林区砍伐的木材，集结外运。这是1932年关东军组织勘测并绘制的东北产业图。日本侵略者大肆掠夺东北的钢铁、煤炭资源。这是本溪湖煤铁公司和本溪湖制铁厂1、2号熔铁炉。这是日伪建立的本溪湖化工产品工厂、南熔矿炉和本溪湖窑业工厂。这是1932～1945年本溪湖煤铁公司主要产品产量统计表。为了最大限度地掠夺东北的粮食资源，日本侵略者在东北广大农村推行所谓的"粮谷出荷"政策，用武力逼迫人民交出荷粮，农民剩下的粮食根本维持不了生计。悲惨的遭遇逼得农民纷纷背井离乡，卖儿卖女，东北的大好河山一片荒凉。这是掠夺的大批物资、粮食等待外运。

为变中国东北为日本的版图，日本大规模向中国东北移民，这是第一次武装移民。1932年10月3日在日本明治神宫前集合，向明治天皇表示建设"满洲新乐土"的决心后，从东京出发前往中国东北。日本政府制定了20年向东北移民100万户的计划。到1945年，日本向东北移民达10万户，30余万人，强占土地265万垧。日寇强行将本溪湖火车站站前、顺山、河沿一带约1.1平方公里地域，圈定为日本人的居住区，称为"洋街"，既不受中国政府管理，也不许中国人入内。这是本溪湖洋街。为实现永久占领东北的目的，稳定在东北的移民，日本政府强迫青年妇女移民东北，经训练后命她们集体迅速和日本移民结婚。这是武装移民经常进行训练，以备参与侵华战争。这是日本林业开拓民入侵后，实行掠夺性的采伐，成片森林遭到破坏。日本移民的侵入，致使土地、农庄被强占的东北农民背井离乡去谋求生路。

【残害中国劳工】

日本帝国主义侵占中国东北后，为了满足侵略战争的需要，在东北肆意抓捕、压榨和屠杀劳动力。1931～1945年，日本侵略者强征中国劳工2000余万人。这是从华北欺捕到东北的大批劳工。同时，日本侵略者还将被俘的抗日军人、抗日干部和其他反抗日本帝国主义侵略的民众作为"特殊工人"押送到东北日军军事基地和工矿企业，遭受最残酷的奴役和迫害。这是本溪茨沟特殊工人居住的工棚。被奴役的劳工们毫无生命保障，干的是牛马活，吃的是猪狗食，恶劣的生活条件，使大批劳工被折磨致死。这是劳工居住的草席窝棚。这是在抚顺西露天煤矿采煤的劳工。廉价的童工更是他们压榨的对象，纺织厂的童工每天工作十五六个小时，他们在工头的严厉监视下拼命地干活，稍有不慎，就会惨遭毒打，甚至死于非命。这是未成年的孩子充当劳工，从事力不能及的劳动。这是本溪湖煤铁公司庙儿沟铁矿工人在矿洞内采掘矿石。由于无休无止地从事繁重的体力劳动，累死、饿死或被活活折磨死的劳工无法累计，并且工人们一旦受伤或生病，没有了利用价值，遭遇就更加悲惨，多半被扔出去冻死、饿死。现在，在东北，凡是当年使用劳工比较集中的地方，都有埋葬中国工人尸骨的万人坑。这是本溪南芬庙儿沟铁矿万人坑遗址纪念馆，这是本溪南芬庙儿沟铁矿炼人炉遗迹。这是本溪南芬铁矿劳工幸存者徐景义（头部凹陷处是被日本监工打伤后留下的疤痕）。1942年4月26日，日本株式会社本溪湖煤铁公司本溪湖煤矿发生井下瓦斯煤尘大爆炸，至少造成1800多名中国矿工死于非命，成为煤炭开采史上最大的一次灾难。这是埋葬死难劳工的本溪湖四坑口肉丘坟万人坑遗址。这是本溪湖煤矿瓦斯大爆炸幸存者翟文华。这是大连金洲龙王庙军事工程死难劳工万人坑局部。这是大石桥镁矿虎石沟万人坑中被活埋的劳工尸骨及被打漏头骨致死的劳工头骨。1942年，日军在阜新孙家湾残暴地镇压"特殊工人"的暴动，并将137人活埋。图为发掘出的"特殊工人"尸骨。这是辽宁省北票台吉南山万人坑中被活埋的劳工尸骨。这是黑龙江省鸡西煤"万人坑"中被用铁钉钉入头骨致死的劳工头骨。吉林省农安县哈拉海乡农民杨珍，伪满时被抓劳工，冻掉了双脚。杨珍自己保存了它，现藏于吉林省革命博物馆。1937～1941年4年的时间里，吉林辽源煤矿的死难者多达74000人。这是日军在辽源煤矿留下的"万人坑"一角。这是黑龙江省鹤岗煤矿东山万人坑部分尸骨。这是修筑日军军事工程黑龙江省东宁要塞死难劳工"万人坑"。勇敢的东北人民是不会被吓倒的，日本侵略者的倒行逆施只能激励更多的民众走到抗战的队伍中来，给日本侵略者以更加沉重的打击。

第二部分　中国共产党领导下的东北抗日联军

第一单元　东北民众的抗日斗争

"九一八"事变后，中国共产党及时发表宣言，提出坚决抗日、收复失地的号召。在党的影响和推动下，东北各阶级、各阶层民众揭竿而起，揭开了中国人民抗日战争的序幕。

东北抗日义勇军迅速遍及东北各地、汇成浩大力量，掀起了如火如荼的抗日救亡运动和抗日武装斗争，成为东北地区抗击日本侵略者的重要武装力量。1933年后，转入低潮的抗日义勇军在中国共产党领导下，继续坚持战斗。

中国共产党的抗日号召：1931年"九一八"事变爆发之时，在日本帝国主义疯狂侵略面前，中国共产党为了维护中华民族的利益和中国人民的尊严，提出了"收复失地，坚决抗日"的正确主张。1931年9月19日，"九一八"事变的第二天，中共满洲省委发表《为日本帝国主义武装占领满洲宣言》。1931年9月22日，中共中央发表《关于日本帝国主义强占满洲事变的决议》，揭露日本帝国主义企图以武装占领东北为突破口，变中国为其殖民地的罪恶阴谋。号召人民起来抗日，给日本侵略者以沉重打击。这是中共满洲省委在沈阳的旧址。这是1933年夏迁到哈尔滨的中共满洲省委旧址。中共满洲省委是中国共产党在东北建立的第一个党的领导机关。1927年10月24日，中国共产党第一次东北地区党员代表大会召开，中共满洲省临委成立，这是"九一八"事变时的中共满洲省委书记是罗登贤。

【东北人民的抗日救亡运动】

中国共产党的抗日号召，表达了全国人民的正义呼声，并推动了东北地区的抗日斗争，不甘做亡国奴的东北民众爆发了轰轰烈烈的抗日救亡运动。这是"九一八"事变后，奉天商界罢市御侮，抗议日军侵略暴行。这是"九一八"事变后，辽宁全省新闻界举行抗日示威。为了支援东北的抗日斗争，1931年9月流亡到关内的东北同胞成立了东北民众抗日救国会。1931年9月27日，"东北民众抗日救国会"成立大会在北平西单奉天会馆举行。这是"东北民众抗日救国会"部分领导人合影，后排左起阎宝航、杜重远、王化一。救国会的主要活动有创办《救国旬刊》《东北通讯》等刊物进行抗日宣传、组织请愿团敦促国民党对日宣战、为东北抗日军队募捐集资等。这是车向忱在抗日前线。这是阎宝航在凤翔东山中学进行抗日宣传。1931年12月东北民众600余人南下请愿团整装待发，流亡北平的东北大学学生举行反日示威游行。北平各校东北籍学生组织"东北青年抗战义勇队"开赴绥远前线杀敌。在全国抗日热潮推动下，东北大学学生赴南京请愿。1937年6月20日，"东北救亡总会"在北平成立，图为白山黑水图案的会徽。这是东北救亡总会、朝鲜民族战线联盟等团体在街头进行抗日宣传活动。这是齐齐哈尔"黑龙江学生联合会"组织的反日护路游行活动的队伍。这是东北旅平各界救国联合会慰劳团赴前线慰问。这是设在北平的东北妇女救国会组织慰劳团赴前线慰劳抗日将士。这是日伪大连码头仓库及满洲石油株式会社被抗日组织大连放火团烧毁的情形。

【风起云涌的抗日义勇军】

"九一八"事变后，东北各阶层民众纷纷自发组织起来，形成抗日义勇军，中国共产党在支持、支援义勇军斗争的同时，作出在义勇军中"树立党的领导，开展游击战争"的决定，积极派出200余名党团员到义勇军中去开展工作，充实义勇军的领导力量。1933年后，转入低潮的抗日义勇军在中国共产党领导下，继续坚持战斗。1931年11月1日，中共满洲省委散发《告国民党士兵兄弟书》，号召国民党士兵在国难当前，枪口对外，抗击日本侵略。这是《告满洲各地义勇军书》。中共满洲省委派到各地的主要干部有杨靖宇、童长荣、金伯阳、冯仲云，这是金伯阳同志。1931年10月以后，中共满洲省委派遣党团员200余人到义勇军中开展工作。这是1931年10月，被派往锦州协助黄显声组建抗日义勇军的共产党员刘澜波同志。1933年春，共产党员王仁斋、刘山春被派到柳河义勇军中开展工作，在部队建立了党支部，这是王仁斋同志。这是被派往吉林抗日救国军中工作的于洪仁同志。中共东满特委派李延禄到吉林义勇军王德林部中工作，并担任了部队的参谋长。这是中共满洲省委派到义勇军中工作的共产党员邹大鹏同志。1934年，吉林义勇军王德林部团长史忠信加入中国共产党，并在本部队中建立了党支部。1933年6月，建立了"东北山林义勇军"的祈致中（祈明山）与党组织联系于1935年3月加入中国共产党。

"九一八"事变后，在两年多的时间里抗日义勇军发展到50多万人，同日伪军进行大小战斗3000多次，给日伪军以沉重打击。据统计，东北抗日义勇军中50%是爱国农民，25%是原东北军官兵，绿林胡匪约占20%，知识分子和工人、商人占5%左右。这是东北抗日义勇军主要将领：辽宁地区有邓铁梅、耿继周、郑桂林、唐聚五等；吉林地区有李杜、冯占海、王德林等；黑龙江地区有马占山、苏炳文等。这是东北抗日义勇军各部活动区域示意图。

"九一八"事变后，一部分东北军爱国官兵出于民族义愤，拒绝执行国民党政府的不抵抗命令，首先奋起抗战，先后发动北大营突围战、江桥抗战、锦州保卫战、哈尔滨保卫战和海拉尔保卫战。1931年9月18日深夜，日军向北大营发动突然进攻，驻北大营的东北军第7旅7000余人，由于蒋介石的不抵抗命令而遭到重大伤亡，许多爱国官兵忍无可忍奋起还击。这是率部抵抗突围的东北军第7旅620团团长王铁汉。1931年11月初，日军集结重兵进犯黑龙江省，在黑龙江省门户——横跨嫩江南北的嫩江桥受到马占山的阻击。马占山将军，吉林省怀德县人，"九一八"事变后，临危接受张学良任命，代理黑龙江省政府主席、军事总指挥，组织并指挥了闻名中外的江桥抗战，打响了中国人民有组织的反击日本侵略者的第一枪。这是保卫嫩江桥的龙江守军严阵以待，准备痛击敌人。这是马占山将军题字"还我河山"。

"九一八"事变后，东北军政指挥中心迁往锦州，张学良委任原辽宁省政府警务处长黄显声主持东北工作。黄显声将军为反抗日本帝国主义武装入侵，积极开展抗日斗争，在锦州先后组建了辽宁省公安总队和东北抗日义勇军，在辽宁和热河广大地区到处打击日伪军，给敌人以重大杀伤，在反抗日本侵略者的战争中作出了杰出贡献。1937年2月2日，黄显声在汉口被国民党特务逮捕。1949年11月27日，蒋介石下令将其秘密杀害于重庆白公馆。1932年1月，辽西抗日义勇军在锦西县城西歼灭了日军古贺（中佐）联队，这是古贺传太郎被辽西义勇军击毙处——锦西县西郊西园子村。1932年4月，辽宁地区的抗日义勇军统一编为"东北民众自卫义勇军"，共58路军，约30万人；后按地域划分为5个军区。图为东北民众抗日义勇军第20路军司令金小明。这是抗日义勇军雪原大转移，这是义勇军骑兵渡河。

辽宁各地的义勇军队伍不断地发展壮大，主要有邓铁梅、苗可秀领导的东北农民自卫军，唐聚五领导的辽宁民众自卫军，郑桂林、耿继周率领的东北民众义勇军，高文斌组织的抗日义勇军等。

1932 年 4 月，辽宁地区的抗日义勇军统一编为"东北民众自卫义勇"，共 58 路军，另有 20 多个独立支队及许多自发的抗日武装，如大刀会、农民抗日军、山林队等，最盛时总数达 30 余万人，后按地域划分为 5 个军区。这是东北民众抗日义勇军第 20 路军司令金小明。活动在本溪、桓仁、安东、凤城、岫岩一带的抗日义勇军主要有邓铁梅东北民众自卫军，后被统一编为第 28 路军。邓铁梅，辽宁省本溪县人，东北民众自卫军总司令。"九一八"事变后，邓铁梅奋起急呼："男儿报国，此其时矣！"短时间内发展了 1500 多人的一支队伍，同日军血战三年，给日伪军以重创，军威大振，成为东北义勇军中的一支劲旅。1934 年 5 月邓铁梅不幸被捕，被关押在沈阳陆军监狱中，敌人对其软硬兼施，用尽酷刑，邓铁梅坚贞不屈、视死如归，并留下了"五尺之躯何足惜，四省之地何时复"的悲壮诗句。同年 9 月 28 日被敌人秘密杀害，卒年 43 岁。这是邓铁梅东北民众自卫军司令部旧址——凤城县小汤沟顾家堡顾家大院。这是东北民众自卫军发行的通用钞票。

苗可秀，辽宁省本溪人，1926 年考入东北大学文学院预科，毕业后升入本科。1931 年"九一八"事变后，苗可秀随该校师生流亡北平，曾被推选为东北学生抗日救国会常务委员和东北学生军大队长、东北学生赴南京请愿团负责人。1932 年春，参加了邓铁梅的东北民众自卫军，创办军官学校，培养青年军官。1933 年春，苗可秀组建以青年学生为主的别动队，1934 年 2 月改名为少年铁血军（少年铁血团）。邓铁梅遇害后，苗可秀继续运用灵活的游击战术，神出鬼没打击日军。1935 年 6 月，苗可秀在战斗中身负重伤，不久被捕。敌人软硬兼施，用尽手段，苗可秀书"誓扫倭奴不顾身"等诗句，表明了其与侵略者不共戴天的志向。英勇就义时，年仅 29 岁。苗可秀被捕后在狱中写下了感人肺腑之言："古语谓，慷慨就死易，从容赴义难，生观之两者皆易耳，予视其真知义与否。"苗可秀牺牲后，新闻媒体纷纷予以报道。

唐聚五，吉林省双城县人，毕业于东北讲武堂第六期，1931

年"九一八"事变后，组织成立辽宁民众自卫军，任总司令，率部抗击日军。1933年初，率部参加了热河及长城抗战。1937年"七七事变"后，赴冀东召集旧部组织东北游击队，任司令，活跃于长城内外。1939年5月在迁安县抗击日军作战中负伤牺牲，后追授为陆军上将。1940年2月，延安《新华日报》发表专题社论，赞扬他是"九一八"事变后揭起抗日旗帜的民族英雄之一。这是唐聚五部第6路军司令李春润和唐聚五部第19路军司令王凤阁。这是唐聚五部辽宁民众自卫军司令部任命状。

这是被抗日义勇军破坏的沈阳附近的铁路和军用列车。1932年，义勇军攻入沈阳，受到城内群众的热烈欢迎，年仅14岁的抗日小英雄关玉林在攻打沈阳的战斗中三进三出沈阳城。这是抗日义勇军出征。这是辽北义勇军在行军途中。这是在中东铁路附近抗敌的东北民众救国军总司令苏炳文部。这是开鲁义勇军开赴前线。这是丁超部在哈尔滨郊区与日军作战。这是活跃在抗日前线的热河义勇军王慎卢部。抗日义勇军雪原大转移。义勇军骑兵渡河，义勇军在雪地中顽强抗击日寇，这是抗日义勇军向日军射击，这是东北义勇军炮兵队，这是热河义勇军在行军途中，这是抗日义勇军中的女学生军。

第二单元　中国共产党直接领导的抗日游击队

中国共产党在支持和援助抗日义勇军武装抗日的同时，积极发展党直接领导的抗日武装队伍。1932年下半年开始，东北抗日义勇军的抗日斗争转入低潮，而党直接领导的抗日武装却在斗争中不断壮大，在东北各地相继建立了15支抗日游击队，活动遍及广大城乡，并建立了广泛的抗日游击根据地，成为东北抗日武装保存力量、发展自己、消灭敌人的战略基地。

这是中共满洲省委所属党组织分布情况与反日游击队创建地示意图。位于吉海铁路沿线上的磐石县是中国共产党在南满地区开发较早的县份之一，1930 年 8 月，中共磐石县委正式成立，第二年 8 月成立中共磐石中心县委，共有党员 40 余名，"九一八"事变后，在中共磐石中心县委的直接领导下，取得了几次大规模群众反日斗争的胜利，人民群众武装抗日的要求更强烈了。磐石县委根据党的指示精神，于 1932 年 6 月 4 日正式成立了中国共产党直接领导的东北第一支抗日武装——磐石工农反日义勇军，简称磐石义勇军。这是磐石工农反日义勇军组织序列表。这是磐石工农反日义勇军第二任总队长孟洁民。中共满洲省委十分关注磐石义勇军的发展，为了加强党的领导，1932 年 11 月，派杨靖宇前往磐石、海龙等地巡视工作，将磐石义勇军正式改编为中国共产党领导下的南满第一支抗日游击队——磐石游击队。这是杨靖宇为筹措路费，送进当铺的长衫和褥子。这是磐石游击队第一队袖标。这是中国红军第 32 军南满游击队组织序列表。这是满洲省委派到北满从事兵运工作的杨君武。南满游击队的不断发展震动了日伪统治，1933 年 1～4 月，敌人调集日军守备队和伪军对游击队和玻璃河套游击根据地发动了四次"围剿"，企图消灭这支抗日武装。杨靖宇领导南满游击队在根据地人民的大力支援下，运用灵活机动的游击战术，彻底粉碎了敌人的四次围攻，并主动出击，在不到 5 个月的时间里，进行大小战斗 60 余次，打死、打伤日伪军 130 余人，缴获许多武器弹药。1932 年末，中国红军第 32 军南满游击队成立后，活动区域由磐东移向磐西，经过几个月的艰苦奋战，1933 年 2、3 月间开始逐渐形成一个以红石砬子山为中心方圆几十里的比较固定的游击区域，它是"九一八"事变后，中国共产党在南满地区创建的第一块农村抗日游击根据地。1933 年后，抗日武装力量不断壮大，为了团结各种抗日力量，1 月 26 日中共中央发出了《给满洲各级党部及全体党员的信》，要求发展东北游击战争和建立反日民族统一战线。1933 年 5 月，中共中央《1·26 指示信》传达到磐石，磐石游击队积极贯彻抗日民族统一战线。这是杨靖宇写给中共满洲省委的有关根据地情况的报告。1933 年 3 月杨靖宇率领红军游击队在老爷岭袭击日军列车。杨靖宇到达南满后，迅速打开了联合抗日的局面，抗日游击队与抗日义勇军联合向日军发起攻击；1933 年 5 月，中共满洲省委扩大会议决议广泛建立抗日根据地。这是会议旧址，磐石中心县委贯彻省委决议开辟了以方圆百里的大红石砬子为中心区域的游击根据地。

这是中国共产党建立的东北抗日游击队斗争形势示意图。中共东满特委书记童长荣领导创建了延吉、和龙、汪清、珲春反日游击队。"九一八"事变后，活跃于东边道一带的无数支抗日军中，有一支是中国共产党直接领导的抗日队伍，即 1932 年 8 月成立的海龙工农义勇军。1933 年 1 月，经从磐石到海龙巡视工作的杨靖宇的整顿，改编为中国红军第 37 军海龙游击队，有了较大的发展。这是海龙抗日游击队队长王仁斋。这是活跃在辽西一带的抗日游击队。1932 年春，根据党中央的指示，张甲洲等人在老家巴彦组织了巴彦抗日游击队。满洲省委任命张甲洲为总指挥，赵尚志为政委。这是巴彦抗日游击队攻占巴彦县城胜利后留影，前排中间为游击队政委赵尚志。这是赵尚志领导的珠河反日游击队使用的地图。这是宁安抗日游击队队长李荆璞。这是密山抗日游击队队长张奎。这是珠河反日游击队政委李福林。1932 年 10 月，汤原中心县委书记裴治云等组织建立汤原反日游击队。这是汤原抗日游击总队总队长戴鸿宾。1932 年 11 月，中共和龙县委在渔狼村创建抗日游击根据地，并成立和龙反日游记大队，这是大队政委车龙德。1933 年初，党组织派遣张文偕到饶河游击队中加强抗日活动，后任饶河反日游记大队队长。这是北满地区抗日武装联合发布的《东北反日总司令部布告》。这是抗日游击队同敌人战斗。这是东满游击队初创时使用的用长矛改制的手枪和原始武器——辣椒面炸弹。这是延吉游击队自制的手雷。

第三单元　东北人民革命军的建立及其斗争

随着抗日民族统一战线精神的贯彻，1933 年开始以党领导的抗日游击队为基础，与东北各抗日队伍建立了不同形式的抗日民族统一战线，并在此基础上，吸收有生力量编成中国共产党直接领导的东北人民革命军，成为抗日斗争的核心力量，进行更加广泛的抗日斗争。

1933 年 9 月 18 日，原南满抗日游击队改编成东北人民革命军第 1 军独立师，杨靖宇任师长兼政委，李红光任师参谋长。这是《东北人民革命军第 1 军独立师成立宣言》和《东北人民革命军政纲》。这是东北人民革命军第 1 军独立师组织序列表。东北人民革命军第 1 军独立师的建立，标志着党领导的抗日武装在南满地区有了迅速发展。从此，以它为中心，联合各路抗日武装队伍，共同对敌，使南满抗日游击战争呈现出新的局面。1933 年 10 月，日伪对磐石抗日军民发动了空前规模的残酷"讨伐"围剿，妄图一举消灭人民革命军独立师，摧毁以红石砬子为中心的抗日游击根据地。独立师与敌战斗 1 个月后，主力部队渡过辉发江南下，向东边道一带挺进，直插敌后，开辟新抗日游击区。1933 年 11 月，独立师主力来到辉江南岸，首先遇到驻守在柳河一带的伪军邵本良部，杨靖宇率部智斗伪旅长邵本良，取得了三源浦、凉水河子等战斗的重大胜利。这是第 1 军独立师主力胜利攻袭通向东边道中部的重镇柳河县三源浦后，杨靖宇化名乃超写给满洲省委的信。第 1 军独立师在东边道地区连战连捷，极大地鼓舞了当地人民群众的抗日救国热情，独立师声威远扬，活动在这一地区的抗日军纷纷来投，独立师成为南满一带反日武装力量的中心。为了进一步加强各抗日队伍的联合和党的领导，1934 年 2 月 21 日，东北人民革命军第 1 军独立师联合南满 16 支抗日武装队伍在濛江县城墙砬子举行南满"抗日军联合总指挥部"成立大会，各队一致同意东北人民革命军斗争纲领为共同纲领，杨靖宇被公推为总指挥。独立师编制不变，将参会各抗日队伍编为 8 个支队，共 5000 余人。南满抗日军联合总指挥部的成立，标志着人民革命军和南满各抗日武装力量的空前团结，巩固了人民革命军第 1 军独立师对南满抗日部队的领导地位，标志着南满抗日民族统一战线已初步形成。这是南满抗日联合军组织序列表。同时，党领导的抗日武装在东北其他地区都在迅速发展。这是北满地区抗日武装联合发布的《东北反日司令部布告》。根据形势的变化和武装抗日斗争的需要，杨靖宇同志亲自率领东北革命军第 1 军独立师于 1934 年春挺进本溪，开辟新的游击区。这是东北人民革命军第 1 军独立师第 1 次进入本溪桓仁地区时驻扎的仙人洞村。本溪地区是长白山脉的门户，尤其是本溪县与辽宁中部相连，可以作依托向日寇的统治中枢——奉天进逼。这里群山起伏，山地面积占总面积的 80% 以上，海拔千米以上的山峰就有花脖山、老秃顶子、草帽顶、和尚帽子等 20 余座，一些地方还存在着原始森林，是游击战争的天然战场。为适应山区游击战的需要，第 1 军在本溪地区修建起许多军事密营，使得深山老林中遍布着秘密的抗日堡垒。这是本溪老秃顶子抗联密营遗址。密营有木棚、石洞、地窖子、石头房等多种形式，用来贮藏物资、治理伤员、修理枪械、印刷传单、制作被服以及部队过往住宿、休整等。1934 年 2 月到 1935 年春，是东北人民革命军第 1 军独立师、第 1 师部队初步进入本溪地区的时期，这时部队的主要任务是发动群众，选择与熟悉地形，联合各方面的抗日力量，开辟以老秃顶子和和尚帽子两座大山为中心的本、桓抗日游击根据地，以此为依托坚持抗日斗争达 6 年之久。这是抗联 1 军进入本溪地区的根据地桓仁老秃顶子山、本溪县和尚帽子山。这是抗联在本溪密营及主要战斗区域示意图。抗联凭借本溪地区山深林密的自然环境，广泛开展游击战争，发展和巩固了以桓仁老秃顶子和本溪县和尚帽子这两座大山为中心的抗日游击根据地，构成日寇的心腹之患，极大地削弱了日寇在这一地区的统治。1934 年 8 月，日伪又开始进行秋季"讨伐"，第 1 师师长韩浩在战斗中牺牲。

1934年11月，东北人民革命军第1军正式建立，杨靖宇任军长兼政治委员。这是东北人民革命军第1军组织序列表。东北人民革命军第1军成立后，各师更以昂扬的斗志投入到抗日救国的斗争中，并总结以往的战斗经验，积极采取机动灵活的战略战术进行游击战争打击敌人，主要思想是"四快"：快集中、快分散、快打、快走；"四不打"：地形不利不打、不能击中敌人要害不打、对当地人民损害大不打、付出代价过大不打；并以远途奔袭、半路埋伏、化装奇袭为"三大绝招"，打得日伪军防不胜防，不得安宁。这是巴黎《救国时报》关于1935年2月1军活捉伪通化县长的报道。1935年5月，东北人民革命军第1军第1师在兴京城（今新宾县）东老爷庙岭与日军发生激烈战斗，师长李红光负重伤牺牲，这是第1师师长李红光。1935年5月，第1军在歪脖望与日军发生激战，这是杨靖宇军长在歪脖望战斗中临时工事遗址。1935年8月，杨靖宇率部在柳河县黑石头痛击邵本良。这是巴黎《救国时报》关于此次战斗的报道。1935年9月，杨靖宇率部与东北人民革命军第2军在濛江北部那尔轰会师。那尔轰会师是抗联发展史上具有里程碑意义的一件大事。从此，打通了东满和南满党组织和两军的联系，消除了相互隔绝状态。第1军经过一年来的南征北伐，粉碎了敌人多次"讨伐"，并在斗争中不断发展壮大，到1935年底东北人民革命军第1军总人数已达到1600多人，比1934年增长了1倍。这是那尔轰会师旧址。

这是东北人民革命军、东北抗日联军各军游击根据地和游击区域示意图。1935年5月，东北人民第2军成立，军长王德泰，政委魏拯民。这是魏拯民同志1934年在哈尔滨与掩护他的同志合影。这是在敦化一带打击日本侵略军的东北人民革命军第2军。这是人民革命军第2军第2独立师第1团1连兵营。1935年9月23日，东北人民革命军第2军第1团在长图铁路蛟河县二道河至黄松甸间，接连颠覆敌人火车。这是列车脱轨颠覆时的情形。1935年1

月，在北满地区省委领导下，建立东北人民革命军第 3 军，军长赵尚志，政治部主任冯仲云。这是东北人民革命军第 3 军第 4 师的委任状。这是东北人民革命军第 3 军部队使用的旗帜。1934 年秋，吉东地区成立抗日同盟军第 4 军，1935 年 9 月改名为东北人民革命军第 4 军，这是第 4 军部分指战员在司令部行营办公处前合影，左 2 为军长李延禄。1935 年 8 月，东北抗日同盟军第 4 军在方正县成立地方人民自卫队并召开纪念大会时部分同志合影（前排中为李延禄）。这是东北人民革命军第 4 军部分同志合影。1935 年 2 月，绥宁一带成立了东北反日联合军第 5 军（东北人民革命军第 5 军），周保中任军长。1936 年 1 月，在汤原反日游击队基础上建立了东北人民革命军第 6 军，夏云杰任军长。这是东北人民革命军第 6 军成立宣言。这是东北人民革命军在同日军作战。1936 年 9 月，北满临时省委成立，执行委员会主席是赵尚志，书记是冯仲云。1934 年 4 月，北满临时省委正式改名北满省委，金策任常委书记。这是赵尚志给金策同志的信。1936 年，中共宣布撤销满洲省委，后以四大游击区为中心成立了南满、东满、吉东、北满省委和哈尔滨特委新的党组织。南满省委书记为杨靖宇，东满省委书记为魏拯民。同年 7 月，南满、东满两省委合并，改称南满省委，魏拯民任省委书记，杨靖宇、王德泰、李东光等 13 人为委员。这是中共南满省委委员、南满省委组织部长李东光。1937 年 3 月，吉东地区成立了吉东省委。这是吉东省委委员、抗联 4 军副军长王光宇同志。这是三省委一特委下辖组织表。

【围剿抗日武装】

日军在东北大地上的残暴兽行激起了爱国军民的强烈反抗，东北军民的抗日斗争，使日本侵略者受到严重打击。日军对反抗势力又恨又怕，为了扑灭抗战的烽火，东北沦陷的 14 年间，以关东军为主力的日伪当局对东北抗日武装力量的围剿、屠杀和镇压从未停止过。据不完全统计，仅 1935～1936 年"冬季肃正"期间，就杀害我抗日战士5900多人。这是关东军设东边道"讨伐"司令部。这是敌人设在山城镇（今海龙）的关东军警备司令部。日本宪兵队是日伪镇压东北抗日民众的枢纽，配属于关东军作战部队，自始至终参加了"讨伐"行动，这是关东军宪兵司令官兼警备部长东条英机正在部署"治安肃正"任务。这是关东军宪兵队关于"治安肃正"的命令。这是参加"讨伐"的日军骑兵第13联队一部。这是驻扎在本溪连山关的日本宪兵队，这是伪满桓仁日本守备队。这是伪满洲国军政部编印的"满洲共匪分布图"。

从1935年10月开始，日伪军在东边道九县实行"东边道独立大讨伐"，妄图消灭东北抗日联军的抗日武装，直至1939年4月才结束。这是从各地抽调的日军聚集南满地区，进行东边道"独立大讨伐"。这是讨伐南满地区的日军第2师团在向集结地进发，这是在东边道山区密林中，日军"讨伐"部队搜捕抗日武装。这是日军循着地图标定的方位，搜寻抗联行踪。这是将我游击队员剥去衣服活活刺死的惨状。这是1936年，日军在宽甸崔家大院杀害我义勇军22人后，将头颅割下示众。

第四单元　英勇顽强的东北抗日联军

随着东北抗日武装力量的壮大和游击战争的发展，中国共产党领导的抗日武装进入了一个新时期——抗日联军时期，肩负起反击日本帝国主义侵略的历史重任。

在抗日游击队和东北人民革命军的基础上，组建起来的以杨靖宇、赵尚志等为代表的东北抗日联军，在党的领导和广大人民群众的支持下，以抗日游击根据地为依托，同日本侵略者进行了长期、顽强、艰苦、卓绝的斗争，用鲜血谱写了中国抗战史上最悲壮的篇章。

1935年8月1日，中共中央发表《八一宣言》，提出建立抗日民族统一战线的主张。1936年2月20日，中国共产党领导的东北人民革命军共同发表《东北抗日联军统一军队建制宣言》，宣布东北人民革命军"一律改组军队建制为东北抗日联军"。这是东北抗日联军发展过程表，东北抗日联军陆续建成 11 个军，人数最多时有 4 万多人，其中，第 1、第 2、第 3、第 6、第 7 等军是在党领导的反日游击队基础上建立的；第 4、第 5 两军是在王德林的救国军、李杜的抗日自卫军余部的基础上建立的；第 8、第 9、第 10、第 11军是在义勇军余部和抗日山林队的基础上建立的。从此东北抗日联军在白山黑水之间同日军展开了长期、顽强、艰苦、卓绝的斗争，消灭日伪军大量有生力量，用鲜血写下了中国抗战史上最悲壮的一页。这是东北抗日联军斗争形势图。这是东北抗日联军各军主要将领。

东北抗日联军第 1 军的抗日斗争：东北抗日联军第 1 军是东北抗日联军的一个重要组成部分，它在中国共产党领导下，同各族人民、各阶层人士和各种抗日队伍结成广泛的抗日民族统一战线，活动在吉林省中部、东南部和辽宁省东部的广大南满地区，英勇打击日本侵略者，并始终走在东北人民抗日战争的前列。1936 年 7 月，东北抗日联军第 1 军由原东北人民革命军第 1 军改编成立。这是东北抗日联军第 1 军组织序列表。杨靖宇率领的抗联 1 军部队在兴京、桓仁、本溪、宽甸交界处的老秃顶子山、老和尚帽子山麓建立的本、桓抗日根据地，以此为依托坚持抗日斗争达六年之久，成为南满抗日游击根据地的核心区域之一。这是东北抗日联军第 1 军在辽宁地区活动示意图。抗联 1 军在这两座大山深处修建的密营，使部队在敌人讨伐紧急或大雪封山无法活动时有了可以退守的营地，为保存实力、养精蓄锐、安置伤病员，坚持长期斗争发挥了重要作用。这是本溪桓仁县老秃顶子抗联 1 军军部遗址。这是被抗日联军袭击后的辽宁省盘山县三道沟日本警察署。这是被抗日联军袭击后的杨家堡子日本警察署。这是抗日群众梁玉德 4 次给抗联 1 军送油用的用具，这是抗联用石头堆砌的锅台、炉灶。这是本溪小青沟战斗遗址。

梨树沟大捷。1936 年 4 月，杨靖宇率领 1 军军部到达桓仁地区活动，敌人调集 1000 余人对杨靖宇进行围攻，杨靖宇率领军部教导团与敌人巧妙周旋，牵着敌人在通化、桓仁、本溪、兴京、宽甸等县兜圈子。不久，到达本溪县赛马集山区在梨树甸子设下埋伏，给伪军邵本良部以歼灭性打击。同年秋，杨靖宇率部在四道江伏击邵本良。不久，全歼邵本良伪军。

1936 年 2 月，胜利完成长征抵达陕北的中国工农红军以"打通抗日路线"为目标，发动东征战役，直接与入侵绥远的日军作战。为了发展东北抗日游击战争的大好形势，配合中央红军北上抗日，打通与党中央和关内抗日武装力量的直接联系，改变东北抗日联军孤军作战的被动局面，进而开辟新的游击区，战斗在南满的抗联第 1 军从 1936 年 6 月下旬开始至 12 月，进行了两次著名的西征。辽宁本溪的和尚帽子山，是东北抗日联军西征最早的出发地。这是杨靖宇召开第 1 次西征会议坐过的岩石——靖宇石。1936 年 6 月，第 1 军主力部队从和尚帽子一带出发开始西征。这是抗联 1 军西征路线图。敌人发觉了第 1 军西征的意图后，调集大批兵力，跟踪追击，层层包围，又由于西征部队不熟悉地形，没有群众的支援等，使西征队伍受阻。7 月 15 日，第 1 军第 1 师西征部队在本溪县摩天岭伏击尾随的敌人，歼敌今田中队取得了摩天岭大捷，沉重打击了敌人的嚣张气焰，扩大了抗联在这一地区的影响，鼓舞了群众的抗日热情。这是摩天岭战斗旧战场。在摩天岭战斗中，抗联 1 军 1 师参谋长李敏焕光荣牺牲。这是建于李敏焕牺牲地的李敏焕纪念碑。此时，西征部队因作战伤亡，减员很大，相继返回本溪县游击区。

1936 年 7 月，第 1、第 2 军领导干部举行"河里会议"，将抗联第 1、第 2 军整合编为东北抗日联军第 1 路军。抗联第 1 路军成立后，第 1、第 2 军虽然分兵活动，但密切配合，积极作战，消灭了敌人大批有生力量，第 1 路军兵力不断得到发展，抗日游击根据地不断得到扩大，这极大地鼓舞了群众的抗日斗志，沉重地打击了日伪在东南满的统治，使东南满抗日斗争呈现出一个新的局面。这是《救国时报》报道的"抗联第2军击死日军副司令"和东北抗日联军统一战线不断扩大的消息。这是1936年10月30日，巴黎《救国时报》有关杨靖宇所部迅速发展的报道。

在东北抗日联军14年的苦斗中，东北抗日联军只能依靠秘密营地的储备来坚持斗争。尽管在频繁转战中，兵员得不到补充，部队人数锐减；尽管有的秘密营地在长期得不到补给后已经弹尽粮绝，但是饥寒交迫的抗联将士依然表现出了惊人的乐观和对胜利的信心。在日本关东军实施军事讨伐与经济封锁并举的三年里，东北抗联的三路大军在不同的时间采取过同一个战略动作：向西突围，跳出包围圈去寻求新的转机。当年抗联三路大军的西征：杨靖宇的第1路军派出了最强的2个主力师；周保中的第2路军派出的是所属4个军中最能征善战的第4军和第5军；赵尚志、李兆麟的第3路军也派出了自己的主力第3军和第6军。他们将分别从南满、吉东和北满抗日根据地出发，奔赴千里之外的辽河、大兴安岭和松嫩平原。1936年11月，杨靖宇召开抗联1军军事会议，决定第二次西征。这是桓仁县外三堡红土甸子红通沟抗联1军第二次西征会议旧址。针对平原地区日军行动快的特点，杨靖宇决定集中抗联第1路军全部战马，把第二次西征部队改为骑兵，加快行动速度。同时，他还重新选择了一条新的西征路线，避开日军重兵屯集地区，跨过辽河，挺进热河。1936年底，第1路军第二次西征骑兵部队经一个月时间到达辽河东岸，将士们却大吃一惊。寒冬季节，往年早已结冰的辽河竟然没有封冻，几百名西征将士只能眼望辽西，对河兴叹。此时日本关东军追兵已到，在辽河边抗联西征部队又开始了一次殊死搏杀，受到敌人大批兵力的围攻，西征部队只好返回清原、兴京抗日游击区。东北抗联第1路军的两次西征虽然先后失利，但却从战略上动摇了日本关东军对南满根据地的大讨伐，并在西征途中打击了日军，扩大了东北抗联的声威，极大地鼓舞了广大群众的抗日热情。正是在这个意义上，东北抗联三路大军先后发动的西征，不论胜败与否，都蕴藏着战略上的主动，蕴藏着苦斗中的光荣。1936 年冬，抗联第 1 路军将在二次西征中损失严重的第 1、第 3 师转入深山密营进行休整。1936 年冬至 1937 年春，日伪对东边道北部抗联第 1 路军及其他抗日军进行残酷的"东边道独立大讨伐"，总兵力 27500 人。1937 年 2 月，宋铁岩因病在和尚帽子根据地修养，被日军包围，突围时壮烈牺牲，这是本溪县人民在宋铁岩牺牲地——和尚帽子山建立的"宋铁岩烈士纪念碑"。这是抗联 1 军政治部主任宋铁岩（右）与 1 军 2 师师长曹国安合影。抗联第 1 路军面对严重形势，采取机动灵活的游击战术，展开反"讨伐"斗争，杨靖宇指挥抗联部队联合其他抗日军先后与日伪军作战 350 余次，给敌人以重大杀伤。1937 年春夏之际，第 1 军继续与敌人进行了频繁的战斗。

"七七事变"全国抗战爆发后，在全国抗战形势鼓舞下，抗联第 1 路军全体指战员以高昂的斗志，迎接全民族抗战的洗礼，为全国抗战胜利作出了不可磨灭的贡献。这是为响应全国抗战，由杨靖宇署名发表的布告。1937 年秋天，杨靖宇率部在本溪县大青沟、红土甸子红通沟、大石湖外响水沟等地痛歼日伪多股部队。这是大青沟战斗旧址。到 1937 年底，抗联进行较大规模的战斗 33 次，毙伤日伪军 1300 余人，有力地钳制了日军，配合了全国抗战。1937 年，东北抗日联军已经建成 11 个军，后编成 3 路军，共 3 万余人。这是抗联战士在进行军事训练。这是东北抗日联军各路军游击队活动示意图。1937 年 12 月，经中共中央政治局通过，杨靖宇被确定为中共第七次全国代表大会准备委员会委员。这是中共中央"七大"准备委员会名单。

1934～1938 年，抗联 1 军在本、桓山区纵横驰骋，予敌以重创。据不完全统计，第 1 军在本溪地区与日伪军作战达 310 余次，歼敌近 2000 人。1937 年冬，日本关东军为消灭杨靖宇领导的抗联 1 路军，调集了东北三分之一兵力、百余架飞机，向抗联第 1 路军开始了空前的大"讨伐"。1938 年 2 月，将军避实就虚，除留 1 师在本溪、桓仁活动外，率第 1 军主力离开本溪，进入辑安县老岭山区，开辟新的游击区；3月，袭击修建中的通缉铁路辑安老岭隧道，解放劳工500余人，予敌重创。这是修筑中的通缉铁路及老岭隧道工程现场。1938年6月，第1军取得了通缉路土口子隧道之战的重大胜利。这是通缉土口子铁路桥。抗联第1军第1师师长程斌在本溪县胁迫本部投敌，这是叛徒程斌。1938年7月，继第1次老岭会议后，抗联第1路军总指挥杨靖宇在辑安老岭山区紧急召开第二次老岭会议，决定改编成立3个方面军1个警卫旅。这是东北抗联第1路军警卫旅部分指战员。1938年9月，日伪军对东边道开始秋冬"大讨伐"，杨靖宇率总司令部、警卫旅、1方面军1部，从辑安向东部临、濛、桦一带转移。这是抗联第1路军警卫旅之一部。这是东北抗联第1路军部分指挥员合影，这是东北抗日联军第1路军指挥部特务班，这是抗联第1路军女战士，这是1939年，东北抗日联军第1路军第2方面军指挥部部分同志合影。1932年春，金日成到安图创建游击队，历任汪清反日游击大队政委、东北人民革命军第2军独立师第3团政委、第2军第3团政委、东北抗日联军第2军第3师（后改为第6师）师长、第1路军第2方面军指挥，抗联教导旅第1营营长。老岭会议后，杨靖宇率部在老岭山区通化、辑安长岗段伏击敌人，消灭穷凶极恶的"满洲剿匪之花"索旅，这是1军痛击索旅的辑安家什房子沟战斗遗址和长岗战斗遗址。1938年10月，杨靖宇率部400余人在临江岔沟地区被日伪军万余人包围，经激烈战斗冲出重围。这是岔沟战斗遗址。1938年11月5日，中国共产党扩大的六届六中全会向以杨靖宇为代表的东北抗日联军、义勇军和全体东北同胞发出慰问电。1939年4月，日伪报纸关于杨靖宇率部袭击大扑柴河做出报道。1939年5月，抗联部队全部撤离本溪、抚顺地区，转移到长白山区继续抗日。这是抗日联军活动地点长白山伐木场。杨靖宇领导的抗日联军引起日伪的极大恐慌，1939年夏，日本关东军新任司令官梅津美治郎，将杨靖宇作为伪满洲国的"心腹大患"，纠集大批兵力，进行残酷的"三省联合大讨伐"，对抗联进行血腥围剿，东北抗日斗争进入最艰苦阶段。这是关东军司令梅津美治郎视察东边道"讨伐"情况。关东军第2独立守备队司令兼"三省联合讨伐队"司令官野副昌德是这次行动的总指挥。这是日伪当局悬赏"拿获"杨靖宇的告示。1940年1月，日军"快速讨伐队"出发"讨伐"杨靖宇领导的抗联第1路军。日军在抗联第1路军活动的濛江县（今吉林省靖宇县）境内进行搜索。这是追踪杨靖宇的日军"讨伐"部队。这是专门追踪杨靖宇的特种部队——"挺进队"。"挺进队"展开地面与空中协同的立体追捕，穷追杨靖宇。1940年1月，杨靖宇在濛江县双丫沟再一次突破日军的重重包围。图为濛江县双丫沟旧战场。日本满铁《协和》杂志1940年第263期专文记录了600人的"挺进队"被杨靖宇一人尽数拖垮的经过。首先到达吉林省濛江县（今靖宇县）保安村三道崴子的日军"讨伐"队（后排左3为日军上尉益子理雄；右1为叛徒程斌）。这是杨靖宇将军殉国前最后一夜住过的地仓子。这是战斗到最后一息的杨靖宇。1940年2月，因叛徒告密，杨靖宇的部队屡遭日伪军围击。最后，杨靖宇只身一人，在零下40多度的严寒中，与敌人周旋五昼夜，于2月23日壮烈殉国。这是杨靖宇牺牲地——吉林省濛江县（今靖宇县）保安村三道崴子。这是杨靖宇牺牲时随身携带的军用地图、印章、武器弹药及物品。这是抗日英雄杨靖宇将军的遗体。这是被日军割下的杨靖宇将军的头颅，敌人将杨靖宇将军的头颅示众。后来杨靖宇将军的首级被送到日军指挥部。杨靖宇牺牲后，残忍的日军剖开他的腹部，发现他的胃里尽是枯草、树皮和棉絮，竟然没有一粒粮食，这种威武不屈的英雄气概使敌人为之胆寒。这是日军在杨靖宇殉国地树立墓标以示敬畏。1940年12月，东北抗联第1路军第3方面军军长陈翰章在同日军战斗中英勇牺牲。这是哈尔滨烈士陵园的陈翰章烈士墓。这是日军绘制的陈翰章牺牲地点图，陈翰章首级被送到日军指挥部。这是1941年3月19日，三省讨伐司令野副昌德对杀害杨靖宇、陈翰章等有功人员的"赏词"。这是1937年秋，抗联第1路军干部巡视露营情况（左1为第1路军副总司令魏拯民）。这是魏拯民率部攻打的辉南县城旧址。这是魏拯民（右2）与战友合影。这是魏拯民用过的物品。这是抗联第1路军桦甸牡丹岭二道河子密营地遗址耸立的魏拯民纪念碑，1941年3月8日魏拯民病逝于此。这是东北抗联第1路军1932～1941年阵亡指战员统计表。

　　1936年8月，东北人民革命军第3军改编为东北抗日联军第3军，这是赵尚志签署的通告。赵尚志的故乡是辽宁省朝阳县喇嘛沟（今尚志乡）。这是赵尚志就读的许公中学旧址。这是日军关于饬查许公中学出校学生赵尚志等"潜入"共产党的案卷。1937年3月，赵尚志率部在海伦冰趟子与日伪军进行了一场激战，歼敌300多人。这是赵尚志领导的冰趟子战斗旧战场。这是日伪报道赵尚志消灭日军少佐右田部队的消息。这是抗联第3军警卫连在树缝中用来做饭的铁锅。这是抗联第3军5师政治部和第3团部分战士合影。这是东北抗日联军第3军第5团一部。1937年11月，抗联第3军军长的赵尚志曾写信要求苏联方面支援枪械和马列主义理论学习资料等。图为赵尚志致苏联远东军布留哈尔元帅、联共（布）军党委会信。1942年2月12日，赵尚志在率部对敌人作战中身负重伤被俘，穷凶极恶的敌人割下了赵尚志的头颅，把他的躯体扔进了松花江的冰窟中，这是日军拍摄的赵尚志牺牲后的遗照。密谋暗杀赵尚志的"梧桐河计划"的策划者是鹤立县兴山镇日伪警察署署长田井久二郎（左）、特务主任东城政雄。1989年，东城政雄在日本向世人吐露了赵尚志头颅之谜：1942年，当敌人将赵尚志的头颅送往长春准备焚毁灭迹时，德高望重的长春般若寺主持炎虚长老出面请求将赵尚志的头颅掩埋在寺里。这是般若寺主持炎虚长老。这是抗联第3军军长赵尚志使用的手枪。这是赵尚志牺牲地。

　　这是东北抗日联军第3军第2团政治委员、著名抗日民族女英雄赵一曼。这是1933年5月3日，赵一曼领导的哈尔滨电车工人大罢工旧址。1935年冬，赵一曼在与敌人的连续作战中身负重伤被俘，被关押在哈尔滨监狱中，虽受尽酷刑，却始终坚贞不屈。1936年8月2日，被敌人杀害，时年31岁。这是赵一曼负伤被捕地，这是被捕后在哈尔滨市立医院治伤的赵一曼，这是刊登赵一曼消息的日伪报纸《大同报》。这分别是被赵一曼教育争取过来的护士韩勇义、赵一曼逃跑时乘坐的大车，赵一曼逃跑时用来装药品及经费的手提箱。这是赵一曼与儿子宁儿。这是赵一曼留给儿子的遗书：宁儿！母亲对于你没有能尽到教育的责任，实在是遗憾的事情。母亲因为坚决地作了反满抗日的斗争，今天已经到了牺牲的前夕了。母亲和你在生前是永久没有再见的机会了。希望你，宁儿啊！赶快成人，来安慰你地下的母亲！我最亲爱的孩子啊！母亲不用千言万语来教育你，就用实行来教育你。在你长大成人之后，希望不要忘记你的母亲是为国而牺牲的！这是赵一曼牺牲地及纪念碑（位于尚志市花园街 2 号），这是朱德同志为赵一曼烈士的题词：革命英雄赵一曼烈士永垂不朽！

这是东北抗日联军第 4 军军长李延禄，这是东北抗日联军第 4 军指战员，这是群众向东北抗联第 4 军报告敌情，这是抗联第 4 军九里川密营哨卡遗址，这是东北抗日联军第 4 军的野外军事生活。

1936 年 10 月，东北抗日联军第 2 路军成立，由东北抗日联军第 4、第 5、第 7、第 8、第 10 军编成。周保中任总指挥，崔石泉任参谋长。这是抗联第 2 路军使用的胸章。1937 年 3 月，抗联第 5 军为了打开松花江下游地区的抗日局面，进行了攻克依兰县城的攻坚战。这是依兰县城西门。1938 年 3 月，日伪向东北抗联第 5 军后方密营发动进攻，连长李海峰率部打退敌人多次进攻，12 名战士壮烈牺牲，这是 12 名烈士山战斗主阵地及宝清县人民政府立的标志。1938 年 10 月中旬，抗联第 5 军第 1 师与敌人在吉林省林口县发生激战，冷云及胡秀芝、杨贵珍、郭桂琴、黄桂清、王惠民、李凤善、安顺福 8 名女战士为了掩护大部队转移，被敌人围困在乌斯浑江边，战斗到最后，毫不畏惧，宁死不屈，打光了子弹，背扶着受伤的战友，步入浪花翻滚的乌斯浑河，壮烈捐躯，这是"八女投江"牺牲地。这是抗联五军妇女团指导员冷云（1915～1938 年），女，原名郑志民，黑龙江省桦川县人。1935 年加入中国共产党，曾任东北抗日联军第 5 军妇女团指导员，"八女投江"烈士之一，牺牲时年仅 23 岁。这是东北抗日联军第 5 军军长周保中日记中关于"八女投江"的记载。这是八女投江纪念碑。这是位于密林深处的抗联第 5 军密营营房，这是骅川县七星砬子山里抗联第 5 军密营战士使用的木盆及装粮的木桶。这是东北抗日联军第 5 军研药用的药钵，这是骅川县七星砬子山里抗联第 5 军被服厂用的熨斗。

这是抗联第 6 军奇袭克山县城遗址、奇袭霍龙门遗址、攻打扎顿河伐木场遗址。由抗联第 6 军政治部主任李兆麟指挥的老钱柜战斗，是长途奔袭的经典战例。这是老钱柜奔袭战的旧战场。抗联第 3 军、第 6 军和中共北满临时省委在依兰和伊春交界"四块石"建立密营，冯仲云、李兆麟、赵尚志、夏云阶等都曾在这里宿营和活动，西征部队路过此地时，也在此宿营。这是抗联 6 军被服厂遗址（现伊春境内帽儿山）和被服厂洗衣石。1939 年 4 月，东北抗日联军第 3、第 6、第 9、第 11 军组成第 3 路军，后改编为第 3、第 6、第 9、第 12 支队。这是抗联第 3 路军在伊春县密林中设置的观察敌情的瞭望哨。这是东北抗日联军第 7 军宣言，这是曾任东北抗日联军第 7 军军长的李学福，这是曾任东北抗日联军第 7 军政治部主任的王效明，这是抗联第 7 军修械所用的风箱和战士自制的木碗，这是抗联第 7 军在饶河县秃头山与日军战斗缴获的轻机枪。这是东北抗日联军第 8 军成立宣言，抗联第 8 军缴获的战利品望远镜和指北针。这是抗联第 9 军成立宣言。这是 1940 年 9 月，抗联 10 军袭击山河屯战斗胜利后，分给农民张万成的战利品。1941 年，东北抗日联军第 10 军军长汪亚臣在同日寇的激战中身负重伤牺牲，日寇残暴地割下他的头颅，在五常县"示众"，后装在药水瓶里，去"请功受赏"，这是哈尔滨烈士陵园内汪亚臣将军墓。这是抗联独立师（后编为抗联 11 军）七星砬子兵工厂远景。这是抗联独立师七星砬子兵工厂制造枪支部件用的机床、手工工具及造枪车间遗址。这是东北的高山密林和农村的宽阔地域，是抗联部队进行敌后游击战的理想战场，这是抗联官兵利用地形突袭日军。这是抗日联军破坏敌人的铁路。这是抗日联军颠覆的敌军军用列车，抗联部队缴获日本侵略者武器弹药胜利归来的场面，深山中的抗联密营，抗联战士剥吃树皮的树干，抗日群众给抗联送粮用的背夹子、马鞍子和口袋。东北抗日联军成立之后，强有力地打击了日本侵略者，动摇了侵略者的大后方，但是日本侵略者对抗联进行的疯狂"讨伐"，加之抗日联军与上级党组织失去了联系，使抗联部队损失惨重，许多优秀的指战员壮烈牺牲。这是东北抗日联军牺牲将军名单。

第五单元　抗联文化

东北抗日联军各部队在艰苦卓绝的对敌斗争中，通过创办各种形式的抗日刊物，创作抗日歌曲，出版抗日文学作品和开展生动活泼的政治教育活动等，宣传党的抗日主张，鼓舞官兵斗志，弘扬抗联精神，激发广大民众的抗日热情。

广大的爱国知识分子，用文学的形式以笔为枪，投入到民族救亡图存洪流中，他们创作的文学作品，反映了日寇铁蹄下东北民众的苦难和抗争，给东北军民的抗日斗争以极大的支持。

【抗联创办的报刊】

从1931年"九一八"事变到1945年抗战胜利，东北抗日联军在白山黑水间与日本侵略者浴血奋战达14年之久，在战斗的间隙，东北抗日联军开展了丰富多彩的文化活动，用以揭露日本侵略者的罪行，唤起民众的觉醒，鼓舞抗日军民的斗志。

东北抗日联军在抗日游击区陆续创办的油印报纸，有文字报纸和画报，通常为8开2版到4版不等，成为党的宣传工作的强大思想武器，使游击区抗日群众进一步了解了中国共产党的路线、政策，增强了抗日救国胜利的信心，积极地以人力、物力支持游击队。这是满洲省委创办的在党内发行的内部刊物《满洲通讯》。这是东北人民革命军第1军出版的《抗日画报》。1933年9月18日，磐石南满游击队被改编为东北人民革命军第 1 军独立师。同月，师政治部创办了军报《人民革命报》，也有人把它叫作《人民革命军报》，报纸内容主要为抗日游击队同敌人作战的情况，关内红军战斗的消息，以及少量的国际新闻报道。这是 1934 年，发表"东北人民革命军奋斗纲领"的"九一八"特刊。这是 1935 年 12 月 14 日，《人民革命报》第 67 期报道的抗联第 1、第 2 军在濛江县那而轰（今吉林省靖宇县）会师联欢盛况。抗联第 1 军在利用报纸开展革命宣传过程中，针对多数干部战士和人民群众不识字或识字不多的情况，于 1933 年在人民革命报社办起了直观形象的画报——《人民革命画报》。这是《人民革命画报》刊载的第 1、第 2 军会师盛况。1936 年 7 月，东北抗日联军第 1 路军和中共南满省委（亦称东南满省委），决定创办《南满抗日联合报》，这是抗联第 1 路军司令部印发的《南满抗日联合报》。这是杨靖宇司令在创刊号上挥毫写下的"南满抗日联合报万岁！"几个大字。这是抗联第 1 军出版的《救国青年报》。1938 年 12 月，中共南满省委决定出版周报《中国报》（同时还出版《中华画刊》），这是抗联第 1 路军出版的《中国报》，该报十分注意收集关内八路军的战绩消息，用以鼓舞、激励抗联战士，坚定他们抗日必胜的信心。这是东北抗日联军第 1 军创办发行的《抗日旬报》。这是童长荣主编的东满特委机关刊物《两条路线》朝文版。1937 年 9 月，东北抗联第 2 路军成立后，创办了《救国报》和《东北红星壁报》。《救国报》创刊于 1937 年 6 月 1 日，社址在林口县四道河子抗联第 5 军营地，这是抗联第 5 军使用的油印机。这是赵尚志"主笔"的《东北红星壁报》，该报于 1940 年 5 月在宝清县境内抗联营地创刊，由抗联第二路军总指挥部编印。中共驻共产国际代表团在法国巴黎出版发行《救国时报》（其前身为《救国报》），宣传党的抗日民族统一战线及国际、国内革命运动发展状况，这是该报对抗联 1 军在其遇到困难时给予捐助的鸣谢启示。这是东北抗日联军印制的部分抗联出版物。

【抗联歌曲】

抗联诗词的创作是抗联文化活动中最具影响力的部分，是抗联将士在艰苦岁月的真实感受，是抗联战斗生活的具体写照。这些慷慨激昂的诗篇，抒发了抗联将士们心中的爱国之情，报国之志。这是杨靖宇创作部分抗联歌曲，这是 1936 年 7 月杨靖宇为东北抗联 1 军西征部队取得战斗的胜利而作的歌曲《西征胜利歌》，歌颂了抗联战士的英勇。这是杨靖宇创作的《中朝民众联合抗日歌》。《东北抗日联军第 1 路军军歌》唱道："我们是东北抗日联合军，创造出联合军的第一路军。乒乓的冲锋杀敌缴械声，那就是革命胜利的铁证。正确的革命信条应遵守，官长士兵待遇都是平等。铁般的军纪风纪要服从，锻炼成无敌的革命铁军。亲爱的同志们团结起，从敌人精锐的枪刀下，夺回来失去的我国土，解放亡国奴的牛马生活！英勇的同志们前进呀！赶走日寇推翻'满洲国'。"诗词生动庄严地表明了抗联第一路军的性质、宗旨和对官兵的要求及号召，是一首鼓舞战士英勇杀敌、团结抗日的战歌，不仅在当时唤起无数东北人民"杀敌救国复河山"的爱国激情，至今仍是进行爱国主义教育的良好教材。

李兆麟等创作的《露营之歌》则生动、形象地描绘了抗联西征部队的战斗生活画面，其中"火烤胸前暖，风吹背后寒"等诗句，已成为脍炙人口的佳句。其他抗联将士也创作了许多感人至深的诗篇。这是周保中填词的《民族革命歌》和《联合歌》。这是赵尚志创作的《战斗歌》。《参加抗日联合军歌》是东北抗联部队中普及面最广、影响程度最深的革命歌曲之一。这是东北抗日联军油印的革命曲。1940 年 7 月，东北抗联第 3 路军在德都县朝阳山后方基地举办的军政干部培训班上，将抗联歌曲汇集成册，发给训练班的干部和总部教导队的战士，教大家学唱，这是东北抗联第 3 路军印制的歌曲集。

以东北抗战为题材的著名抗日歌曲：

《义勇军进行曲》是中华民族危亡时刻喊出的时代最强音，是中华民族团结一心、共御外侮的战斗号角。"九一八"事变后，日本帝国主义开始了对中国的疯狂侵略，不做亡国奴的吼声唤起了全国人民高度的爱国热忱。田汉、聂耳先后于1932年和1933年加入中国共产党，也满怀爱国激情地投入到中国共产党领导的抗日救亡运动中。1935年由田汉作词、聂耳作曲，为影片《风云儿女》创作了主题歌《义勇军进行曲》，影片描写的是20世纪30年代日本帝国主义侵占东北三省后，在中华民族处于生死存亡的危急关头，爱国青年勇敢走向抗日前线的故事。《义勇军进行曲》表现了中华儿女万众一心、前仆后继抗日的不屈精神，这首歌迅速传遍大江南北，长城内外，甚至享誉海外，在全世界传播开来，成为中国最著名的抗战歌曲。1949年9月27日，中华人民政治协商会议第一届全体会议决定，《义勇军进行曲》为中华人民共和国代国歌；1982年12月4日，中华人民共和国第五届全国人民代表大会第五次会议通过决议，将其定为中华人民共和国国歌；2004年3月14日，第十届全国人民代表大会第二次会议正式将其作为国歌写入宪法。

　　《松花江上》是抗战时期救亡歌曲中的经典之作，它如诉如泣、壮烈低回的情韵，激励着人们同仇敌忾、共赴国难。"九一八"事变后，日军占领了东北，一批批东北民众背井离乡。西安街头到处是大批的东北军官兵和流亡者。1936年，在西安二中执教的地下党员张寒晖，耳闻目睹了流亡同胞的悲惨经历，激起创作歌曲的冲动。他将北方女性的哭声艺术化，谱成了《松花江上》的曲调。这首爱国曲、思乡曲和抗日曲很快传遍长城内外、大江南北，成为救亡歌曲中的代表作之一。

　　《五月的鲜花》创作于1935年，光未然词，阎述诗曲，歌曲诞生后迅速传遍全国，鼓舞着广大青年投身到抗日救国的革命洪流中。这是众多青年齐唱《五月的鲜花》。

【抗联部队的宣传教育】

抗联在极端艰苦的斗争环境下，非常重视部队的政治教育，以坚定将士的抗战斗志和信念。与此同时，还开展了形式多样的文化活动，提高战士的文化水平、思想水平，配合党的宣传鼓动作用。抗联创作和演出的戏剧中，话剧以深刻的思想内容和生动感人的情节，受到大家的喜爱。当时影响较大的《王二小放牛》《血海之唱》用较为深刻的思想和广阔的生活画面，形象地揭露了日本帝国主义的侵略罪行，讴歌了汉族、朝鲜族人民之间用鲜血凝成的友谊。

抗联将士们在日常休息时，经常点起篝火，开展娱乐活动。每逢部队有重大行动时，只要条件允许，都召开盛大联欢活动。1935年9月，东北人民革命军第1、第2军在濛江县（靖宇县）会师。10月4日，在那尔轰老龙岗举行了盛大的联欢会。杨靖宇发表了热情洋溢的讲话，战士们演出了精彩的文艺节目。东北烈士纪念馆至今还收藏着抗联战士们曾使用过的留声机和七弦琴。

抗联部队非常重视干部培养和部队文化素质教育。1940年2月，中共吉东省委、北满省委在苏联接到中国共产党六届六中全会报告和总结，将其刊印成书，并加了醒目书名《中国人民解放的道路》，把它作为抗联指导员学习的重要文件。

东北抗日联军非常重视部队的政治思想教育，通过形式多样的宣传活动，提高抗联将士思想文化水平，坚定抗战斗志和信念，扩大在人民群众中的影响，取得人民群众的信任和支持。这是抗联战士写在大树上的"推翻伪满洲国"的标语（图中人物为日军"讨伐"队）。这是长白山深处刻在树干上的东北抗日联军标语。这是1938年，抗联第1路军第2方面军在和龙县大马鹿沟密林中写在树上的"打倒日本帝国主义"等标语。这是1932年辽宁民众自卫军印发的《告东北民众书传单》。这是1936年东北抗日联军第4军第2师司令部《为抗日救国告群众书》。这是东北人民革命军印刷的抗日传单，这是东北人民革命军第2军独立师的口号，这是中国共产党延吉区行动委员会反日宣传单。

抗联部队进入苏联境内后，在进行紧张军事训练的同时，还开展了大量文化学习和娱乐活动。文化学习按文化程度组成了几个不同的学习班，有的学俄语，有的学中文，还设有扫盲识字班。娱乐活动则更加丰富，有墙报、讲演会、文艺晚会等。这是1941年6月22日，为纪念全国抗战四周年，南野营的抗联指战员演出话剧《还我河山》，表述抗联将士抗战到底的决心。

【抗联文学】

东北抗日联军的将士在百折不挠的抗日斗争中，创作了许多充满抗战豪情的诗文，极大地振奋了东北军民的抗日精神。杨靖宇不仅是民族英雄，还是优秀的战地作家，创作了大量的抗联文艺作品，从不同侧面反映了杨靖宇的文雅素质、精神风貌和人物个性。这是杨靖宇将军革命诗文选：《与友人论修学方法书》《战区灾民生还时之感想》。这是东北人民革命军第1军政治部主任宋铁岩于1933年初写的诗词手稿《前进》。这是周保中为抗联第5军12名烈士写的"悼十二烈士"诗。这是赵一曼抒发坚定抗日意志的诗《滨江抒怀》："未惜头颅新故国，甘将热血沃中华。白山黑水除敌寇，笑看旌旗红似花。"

抗战时期的东北作家群是最早用现实主义手法，反映日寇铁蹄下中国人民的生活状况及不屈抗争的。

萧军（原名刘鸿霖）、萧红（原名张乃莹）都是"东北作家群"中的代表人物，他们以"小小红军"的一对谐音做笔名。在鲁迅的帮助和支持下，于1935年分别发表了成名作反映吉林磐石抗日游击队事迹的《八月的乡村》和反映东北农民苦难的《生死场》，成为了20世纪30年代文坛最耀眼的一对明星。"东北作家群"中共产党员罗烽的短篇小说集《呼兰河边》，从不同侧面反映抗日救国，成为抗日文学的代表作。"东北作家群"中舒群的小说集《没有祖国的孩子》，揭露日伪统治暴行，鼓舞人民奋起抗击侵略者。图为舒群位于青岛市南区观象一路 1 号的故居。"东北作家群"中骆宾基的作品《边陲线上》（1936 年）反映了东北人民抗日武装力量在斗争中成长。共产党员金剑啸创作了号召人民起来反抗侵略的叙事长诗《兴安岭的风雪》等。

第三部分　坚持抗日斗争　迎接伟大胜利

第一单元　东北抗日联军的战略转移

全国抗战爆发后，东北抗日联军继续坚持抗战。但是，由于日军的疯狂"围剿"，抗日联军损失很大，由原来的 3 万人锐减至不足 2000 人。面临十分严峻的斗争形势，为了保存力量，以便坚持长期斗争，东北抗日联军适时进行了战略转移。

1941 年冬起，抗日联军除留一小部分继续在东北坚持抗日斗争外，各路军分批进入苏联远东地区，编入南北两个野营进行整训。1942 年 8 月 1 日，东北抗日联军在苏联境内改编，成立东北抗日联军教导旅，又称国际红军特别独立第 88 旅，旅长周保中，政治副旅长李兆麟，参谋长崔石泉，并陆续派遣 10 多个小分队返回东北进行游击活动，不断给日伪以打击，一直坚持到中华民族抗日战争取得最后的胜利。

1940 年秋，抗联除留少数部队在东北坚持游击战之外，在苏联方面的支持下，其余部队开始陆续进入苏境，在伯力和双城子附近建立了南北两个野营进行整训。东北抗联第 1 路军和第 2 路军一部退入苏联境内后，在双城子（乌苏里斯克）附近建立南野营，这是 1941 年在南野营整训的东北抗联指战员。这是进入苏境后的东北抗联教导旅骑兵部队。东北抗联第2、第3路军一部退入苏境后，在距伯力75公里的费·雅斯克村建立北野营，这是1943年10月5日，抗联教导旅野战演习后，部分干部于北野营的合影（前排左2起李兆麟、王一知、周保中；2排左2冯仲云）。这是抗联教导旅柴世荣（前排左2）、季青（前排右2）等官兵在营房前合影。这是柴世荣与金日成（左）合影。这是抗联女战士金贞淑（右2）等合影。1942年8月1日，抗联南北两野营合并，组成东北抗日联军教导旅，东北抗日联军的抗日斗争进入了一个新阶段。这是旅长周保中（左4）、副旅长李兆麟（左5）与苏联远东军官合影。这是周保中与王一知（1939年10月结为夫妻）于1944年拍摄于伯力。这是1943年11月，李兆麟与夫人金伯文及儿子拍摄于伯力。抗联教导旅组织10多个小分队（每队15～20人）返回东北执行军事侦察、宣传和联系群众、骚扰敌人和破坏敌方交通线等任务，这是东北抗联指战员坚持战斗直到最后胜利的一个重要标志，1942年7月，抗联教导旅4营长柴世荣（前右4）率抗联小分队返回东北。这是金日成（左1）、季青（左2）、崔贤（右2）、安吉在抗联小部队活动时期的合影。这是抗联教导旅小部队使用的电台。这是抗联教导旅朴英山小部队侦察时用的密码本。

第二单元　大反攻中的东北抗日联军

1945年世界反法西斯战争进入最后阶段，8月，苏联红军配合中国抗日战场出兵东北。为迎接全民族抗战的最后胜利，中国共产党领导的抗日部队向中国东北发起了全面反攻。

全面反攻开始前，东北抗日联军派遣小分队先期返回东北，为反攻东北进行侦察和准备工作。反攻东北开始后，抗联教导旅官兵陆续返回、进驻东北各地，在解放东北的过程中发挥了重要作用。

1945年8月，苏联红军配合中国抗日战场出兵东北。1945年8月8日，苏联外长莫洛托夫宣布苏联对日宣战。与此同时，1945年

8月9日，毛泽东主席发表《对日寇的最后一战》的声明，号召全国人民及一切抗日力量，举行全国大反攻。1945年8月10～11日，朱德总司令连续发布七道对日反攻命令，这是朱德发布的第二道命令。这是苏联红军出兵东北对日作战示意图。8月9日凌晨，苏联军队从西、北、东三个战略方向向东北腹地实施迅猛的向心突击。这是苏联红军远东方面军总司令华西列夫斯基元帅（右2）同苏军将领研究作战方案。苏联红军越过中苏边境21号界碑出兵中国东北对日作战。苏军坦克部队在飞机掩护下向日军发起攻击。苏军炮兵用大口径重炮轰击关东军要塞。苏联军队向兴安岭地区日军发起进攻。中国共产党领导的抗日部队向中国东北发起了全面反攻，这是冀热辽八路军炮兵部队向东北日军占领区挺进。八路军骑兵部队向辽西挺进。1945年8月，新四军反攻部队向东北挺进。1945年8月30日，八路军挺进山海关，进军东北。八路军与苏联红军在山海关会师后留影。

东北抗日联军始终站在东北抗战第一线，与帝国主义进行着顽强的斗争，1945年8月8日，苏联对日宣战，东北抗日联军各部立即按照统一作战计划投入战斗，按照配合苏军抢占东北战略要地的方针，返攻东北的抗联部队迅速进驻东北12个战略要地及所辖近50个城镇，进驻各地的抗联部队负责人分别就任驻该地苏军卫戍副司令，继续开展肃清日伪残敌、建党、建军、建政工作，为关内新四军、八路军进入东北铺平了道路。东北抗日联军为迎接全民族抗战的最后胜利发挥了重要作用，东北抗日联军这一历史功绩将永垂史册。这是东北抗日联军参加反攻东北担任苏军承担翻译、向导及在东北各地解放区担任职务概况表的主要人员情况。这是周保中绘制的《"八·一五"东北光复时期前东北抗日联军人员分布概况》。周保中起草的政治、组织、行动备忘录（组织、行动备忘录在背面）是抗联官兵反攻东北的行动准则。1945年8月，在苏联的东北抗联教导旅配合苏军解放东北，这是1945年7月，东北抗日联军教导旅部分官兵在反攻前合影。这是在东北境内坚持英勇抗击日本侵略者 14 年，参加大反攻的东北抗日联军骑兵。

1945 年 8 月 8 日后，抗联派出数十个先遣小分队，伞降敌后，执行战役侦察、相机武装群众、阻击溃散之敌。这是 1945 年 8 月返回东北，参加大反攻的东北抗日联军独立骑兵部队。这是参加反攻东北，进驻辽宁的抗联骑兵部队。这是分批回国进驻东北的抗联战士，进驻蛟河的东北抗日联军部分指战员，1945 年 10 月，驻蛟河苏军卫戍司令部副司令黄生发（左 2）与司令部苏联红军军官合影。沈阳解放时，作为抗联领导人参加接收沈阳的冯仲云。东北光复后，中共东北局书记彭真（中）与东北抗联领导人周保中（右）、冯仲云（左）一起合影。

第三单元　日本投降　东北光复

在中国共产党的正确领导下，东北抗日联军同全国抗日军民一道，经过 14 年不屈不挠的浴血奋战，终于迎来了中华民族抗日战争的伟大胜利。

1945 年 8 月 15 日，日本天皇裕仁向全世界宣布无条件投降，宣告了日本帝国主义侵略行径的彻底失败和大陆政策的彻底破产，侵略者遭到了可耻的失败，战争罪犯被押上了历史的审判台，受到了人民正义的审判。

在反法西斯力量的强大攻势下，日本关东军迅速溃败，这是苏军占领哈尔滨后，日军向苏军缴械。苏军攻占沈阳东塔机场，日军向中国军队举手投降，向冀热辽八路军投降的关东军，集结在热河省兴隆县。这是八路军缴获的日伪军轻重武器的一部分。这是苏军缴获的关东军物资、武器等。

这是 1945 年 8 月 15 日，日本天皇在议会上宣布无条件投降。这是日本天皇和铃木内阁全体成员签字的投降书。这是日本关东军前线部队派遣军事使节举白旗向苏军接洽投降。关东军的崩溃，使日本帝国主义操纵下的"满洲国"彻底灰飞烟灭了，8月15日，溥仪一行分乘关东军提供的3架飞机从通化飞往沈阳，未及降落已被两架苏军战斗机跟踪，溥仪等人刚下飞机，立即被苏军俘虏，并随即由苏军飞机押送西伯利亚俘虏收容所。这是成为俘虏的关东军官兵陆续被运往西伯利亚等待接受正义的审判，这是日本战败时关东军所属部队表。

1945年9月2日，在东京湾美国战舰密苏里号上，举行日本对中美苏联盟国的投降签字仪式。右立第1人为日军参谋总长梅津美治郎，第2人为日本外相重光葵。1945年9月9日，中国战区日军投降和中国受降签字仪式在南京陆军总部举行。中国政府受降代表何应钦与中国战区侵华日军总司令冈村宁次，在投降书上签字。《解放日报》发表毛泽东题词：庆祝抗战胜利，中华民族解放万岁！备受日本侵略者蹂躏之苦的东北人民欢庆抗战胜利，辽宁人民欢庆抗战胜利，大连人民热烈欢迎苏联红军，庆祝解放，哈尔滨人民欢庆抗战胜利。

中国是世界上最早拿起武器同法西斯战斗的国家，中国人民在抗日战争中歼灭日军133万人，占日军在第二次世界大战中伤亡总计的70%。而东北抗日联军在极端恶劣的条件下，同强大的日本侵略者进行了14年艰苦卓绝、气壮山河的殊死搏斗，歼敌18万余人，牵制敌军76万之众，有效地阻止了日本关东军入关，为全国抗日战争和世界反法西斯战争的胜利做出了不可磨灭的贡献。这是东北抗日联军对中国及世界反法西斯战争贡献示意图。

第四部分　抗联英烈　正气浩然
——东北抗日联军英烈录

为了中国人民抗日战争的胜利，东北抗日联军付出了巨大的牺牲，涌现出许多抗日英雄，100多名师级以上将领战死疆场，其中将军以上 20 多人。抗联英烈、正气浩然、功垂青史！

东北抗日联军的英雄壮举，得到了中国共产党及全国人民的高度评价和衷心爱戴。缅怀抗联英烈、弘扬抗联精神，是中华民族建设强大国家、构建和谐社会的不竭精神动力。

杨靖宇（1905 ~ 1940 年），原名马尚德，河南省确山县人。1927 年加入中国共产党，伟大的无产阶级革命家，著名抗日民族英雄，东北抗日联军创建人和领导人。曾任中共哈尔滨市委书记兼满洲省委军委代理书记，中国工农红军第 32 军南满游击队政委，东北人民革命军第 1 军独立师师长兼政委、第 1 军军长兼政委，东北抗日联军第 1 军军长兼政委、第 1 路军总司令兼政委。牺牲时年仅 35 岁，这是年青时代的杨靖宇。这是杨靖宇将军诞生地确山县李湾村（现驿城区古城乡）。这是 1920 年 9 月杨靖宇考入确山县高等小学读书（今确山县靖宇小学）。这是杨靖宇读书时写的作文。1923 年 8 月杨靖宇考入河南省立第一甲种工业学校。图为杨靖宇（前排右）在开封工业学校读书时与同学合影。这是杨靖宇领导确山农民暴动时使用的七星剑。1927 年 4 月确山暴动胜利后，成立了确山县临时治安委员会。1927 年 4 月 24 日确山县各界人民代表大会在南洋楼召开。1928 年 6 月杨靖宇被派往信阳工作，任豫南特委委员、信阳县委书记，这是信阳县委扩大会议旧址——徐家大湾。1929 年夏，杨靖宇被派往上海中共中央党校学习，后派往东北工作，这是党训班旧址。1929 年 7 月下旬，中共满洲省委书记刘少奇指派杨靖宇任抚顺特支书记，这是杨靖宇在抚顺领导老虎台工人运动的老虎台旧址。1929 年 8 月 30 日，由于叛徒告密，杨靖宇在抚顺欢乐园福合客栈被捕，这是福合客栈旧址。杨靖宇为党工作期间曾多次被捕入狱，但他始终表现出一名优秀共产党员的风范，这是张贯一（杨靖宇）在抚顺公安局巧妙回答敌人的问讯笔录及关押杨靖宇的辽宁（奉天）第一监狱外景。1931 年"九一八"事变后，杨靖宇被党组织营救出狱，任东北反日救国总会会长兼哈尔滨道外区委书记，其间在三十六棚机车厂等地成功领导了罢工斗争，这是三十六棚机车厂。1932 年 5 月杨靖宇任哈尔滨第一任市委书记、省委军委书记，这是当时的哈尔滨大街。这是杨靖宇任哈尔滨市委书记时穿过的长衫。1946 年，东北民主联军通化支队改名为杨靖宇支队，濛江县改名为靖宇县，这是在杨靖宇殉难地建立的纪念碑。中华人民共和国成立后，为永久纪念和安葬杨靖宇将军，中央人民政府内务部批准在吉林省通化市修建杨靖宇烈士陵园，陵园始建于 1954 年 7 月，1957 年 9 月竣工。这是杨靖宇烈士铜像。1957 年 8 月 20 日，靖宇县人民移送将军遗体往通化。1957 年 9 月 25 日，黑龙江省暨哈尔滨市各界代表恭送杨靖宇烈士遗首至通化合葬。1958 年 2 月 23 日，中共中央在吉林省通化市杨靖宇烈士陵园举行杨靖宇公祭安葬大会，这是公祭公葬大会上，中共中央代表致悼词。杨靖宇将军之子马从云代表家属讲话。1980 年 2 月 23 日，在杨靖宇将军殉国 40 周年纪念日，吉林省暨靖宇县在杨靖宇将军殉国地举行万人大会。这是将军女儿马锦云、孙子马继志敬献花圈。1990 年 2 月 23 日，杨靖宇将军殉国 50 周年纪念大会上，将军的孙子马继志、马继民（右）向爷爷敬献花圈。这是党和国家领导人为杨靖宇的题词。

宋铁岩（1910~1937 年），原名孙肃先，吉林省永吉县人。1931 年加入中国共产党，东北抗日联军第 1 军著名的领导人之一。曾任东北人民革命军第 1 军独立师政治部主任、第 1 军政治部主任，东北抗日联军第 1 军政治部主任。牺牲时年仅 27 岁。

李红光（1910~1935 年），出生于朝鲜，1926 年迁居中国吉林省伊通县。1930 年加入中国共产党。曾任中共磐石中心县委委员、赤色游击队队长，中国工农红军第 32 军南满游击队政委，东北人民革命军第 1 军独立师参谋长，第 1 军参谋长兼第 1 师师长和政委。牺牲时年仅 25 岁。

韩浩（1905~1935 年），原名金翰浩，朝鲜族。1930 年加入中国共产党。曾任中共磐石工农反日义勇军分队长，中国工农红军第 32 军南满游击队第 2 大队大队长，东北人民革命军第 1 军独立师第

3团团长、第1师副师长和师长。韩浩不仅是一位优秀的指挥员，也是一位善于做思想工作、宣传抗日救国理论的抗联干部。1935年8月，在与日军作战时英勇牺牲，时年30岁。

李敏焕（1913～1936年），生于朝鲜咸镜北道，幼年迁居中国吉林省延吉市。1930年加入中国共产党。曾任东北人民革命军第1军独立师直属少年连政委、第1军第1师少年营政委，东北抗日联军第1军第1师少年营政委、第1师参谋长等职。李敏焕不仅是一位出色的军事指挥员，而且还是一名优秀的政工干部，被战友们亲切地称为拥有两个背包的"革命骆驼"。1936年7月15日，在摩天岭战役中壮烈牺牲，年仅23岁。

曹国安（1900～1936年），原名于德俊，吉林省永吉县人。1931年加入中国共产党。曾任中国工农红军第32军南满游击队迫击炮大队大队长、东北人民革命军第1军独立师第3团政委、第1军第2师师长兼政委，东北抗日联军第1军第2师师长。1936年12月，率部在长白县七道沟与日伪军作战时背部中弹，因流血过多牺牲。

王仁斋（1906～1937年），山东省文登县人。1927年加入中国共产党。曾任中国工农红军第37军海龙游击队队长，中共海龙中心县委委员，南满第1游击队政委，东北人民革命军第1军独立师副官年长、第1军第3师师长，中共南满省委委员，东北抗日联军第1军第3师师长。1937年10月，在与敌人激战中壮烈牺牲，年仅31岁。

王德泰（1907～1936年），辽宁营口人。1931年加入中国共产党。曾任延吉游击大队政委，中共东满特委委员、军事部长，东北人民革命军第2军独立师政委和师长、第2军军长，中共东满特委临时执行委员会委员，东北抗日联军第2军军长、第1路军副总司令兼第2军军长等职。牺牲时年仅29岁。

魏拯民（1909～1941年），原名关有维，山西省屯留县人。1927年加入中国共产党。东北抗日联军杰出领导人之一。"九一八"事变后，被派到东北工作，曾任中共哈尔滨市道外区委书记、市委书记，中共东满特委书记，东北人民革命军第2军政委，中共东满省委书记，东北抗日联军第2军政委，第1路军总政治部主任、副总司令，中共南满省委书记。牺牲时年仅32岁。

曹亚范（1911～1940年），北京人。1931年加入中国共产党。东北抗日联军优秀指挥员。曾任中共和龙县委书记，中共东满特委秘书长，东北人民革命军第2军第2团政委，东北抗日联军第2军第3师政委、第1军第2师师长、第1路军第1方面军指挥，中共南满省委委员。牺牲时年仅29岁。

陈翰章（1913～1940年），满族，吉林省敦化县人。"九一八"事变后，参加东北抗日救国军，在战火中加入中国共产党，并成为救国军总参谋长。后曾任东北反日联合军第2军第2师代师长，东北抗日联军第2军第2师参谋长、第1路军第3方面军军长。率部在极其艰苦的镜泊湖地区打击日本侵略军，声威大振，1940年12月在与日军作战中牺牲。

赵尚志（1908～1942年），辽宁省朝阳县人。1925年加入中国共产党，是东北地区最早的共产党员之一，东北抗日联军创建人和主要领导人之一。1926年5月受党派遣回到哈尔滨参加建立党组织和从事反帝反军阀的革命活动。曾两次被捕入狱，面对敌人的软硬兼施，始终坚贞不屈。1931年"九一八"事变后经党组织营救出狱，曾任中共满洲省委常委、军委书记，北满珠河反日游击队队长，东北反日游击队哈东支队司令，东北人民革命军第3军军长，北满抗日联合军总司令部总司令，东北抗日联军第3军军长、第2路军副总指挥，中共北满临时省委执委会主席。牺牲时年仅34岁。

赵一曼（1905～1936年），女，原名李坤泰，四川省宜宾县人。著名抗日民族女英雄。1905年出身于封建地主家庭，"五四"时期接受进步思想，1923年加入中国社会主义青年团，1926年加入中国共产党。"九一八"事变后，被派往东北地区从事抗日斗争，先后任满洲总工会组织部长，中共滨江省珠河县中心县委特派员，东北抗日联军第 3 军第 2 团政委。1935 年秋，在与敌人的连续作战中身负重伤被俘，被关押在哈尔滨监狱中，虽受尽酷刑，却始终坚贞不屈。1936 年 8 月 20 日，被敌人杀害，时年 31 岁。

冯仲云（1908～1968 年），江苏省武进县人。1927 年加入中国共产党。曾任满洲省委秘书长，东北反日游击队哈东支队政治部主任，东北人民革命军第 3 军政治部主任，东北抗日联军第 3 军政治部主任、第 3 路军政委兼第 6 军政治部主任，中共北满临时省委书记，抗联教导旅第 3 营 3 连教导员。

许亨植（1909～1942 年），生于朝鲜，1913 年迁居辽宁开原。1930 年加入中国共产党。历任东北反日游击队哈东支队政治指导员、第 1 大队长，东北人民革命军第 3 军第 2 团团长、第 3 师政治部主任，东北抗日联军第 3 军第 1 师政治部主任、第 9 军政治部主任、第 3 军新编第 3 师师长、第 3 路军总参谋长兼第 3 军军长、后兼第 12 支队政委。牺牲时年仅 33 岁。

李兆麟（1910～1946 年），化名张寿篯，辽宁省辽阳县人。1932 年加入中国共产党。东北抗日联军创建人和主要领导人之一。曾任珠河反日游击队副队长、哈东支队政委，东北人民革命军第 3 军第 1、第 2 团政治部主任，第 6 军代理政治部主任，东北抗日联军第 3 军政治部主任、第 6 军政委、第 3 路军总指挥，北满抗日联合军总政治部主任，抗联教导旅政治副旅长。牺牲时年仅 36 岁。

李延禄（1895～1985 年），吉林省延吉县人，1931 年加入中国共产党。曾任东北抗日救国游击军司令，东北人民抗日革命军军长，东北抗日同盟军第 4 军军长兼第 1 师师长，东北抗日联军第 4 军军长。后受党派遣到上海、南京从事党的统一战线工作。

李延平（1903～1938 年），吉林省延县人。1932 年加入中国共产党。曾任东北抗日同盟军第 4 军代理军长兼第 1 师师长，东北抗日联军第 4 军代军长，第 4 军军长。1938 年 10 月，带领部队在五常县南磨石顶子与敌激战，不幸中弹牺牲。

周保中（1902～1964 年），原名奚李元，白族，云南省大理县人。1927年加入中国共产党。"九一八"事变后，中央军委特派周保中到东北组织抗日武装，开辟革命根据地，是东北抗日联军创建人和主要领导人之一。曾任中共满洲省委军委书记，宁安反日同盟军（后改为绥宁反日同盟军）军事委员会主席，东北反日联合军第5军军长，东北抗日联军第5军军长，第2路军总指挥兼政委，中共吉东省委执行部主任，抗联教导旅旅长。

柴世荣（1894~1944年），原名柴兆升，山东省胶县人。1934年加入中国共产党。曾任东北反日联合军第5军副军长，东北抗日联军第5军副军长、军长，抗联教导旅第4营营长。1944年秋在执行任务时牺牲。

夏云杰（1903~1936年），山东省沂水县人。1932年加入中国共产党。曾任中共汤原中心县委委员，汤原游击总队政委，东北人民革命军第6军军长，东北抗日联军第6军军长，中共北满临时省委委员。1936年11月在战斗中牺牲。

戴鸿宾（1911~1968年），辽宁省抚顺县人。1932年加入中国共产党。曾任汤原民众反日游击总队总队长，东北人民革命军第6军第2团、第4团团长，东北抗日联军第6军第4团团长、第6军代军长、军长兼第4师师长，第3路军第12支队长。

陈荣久（1904~1937年），黑龙江省宁安县人。1933年加入中国共产党。曾任东北抗日同盟军第4军（东北人民革命军第4军前身）参谋长，东北抗日联军第7军军长兼第1师师长。1937年3月在战斗中牺牲，年仅33岁。

崔石泉（1900~1976年），又名崔庸健，朝鲜平安北道龙川郡人，1926年加入中国共产党，1928年到东北从事革命活动。1933年4月组建饶河农工义勇军并任队长，此后曾任饶河民众反日游击大队政治部主任、参谋长，东北人民革命军第4军第4团参谋长，东北抗日联军第4军第2师参谋长，第7军参谋长、代理军长，第7军党委书记、党特委书记，第2路军参谋长等职。1940年进入苏联境内，任中共东北党组织特别支部局书记和抗联教导旅副参谋长。

汪亚臣（1911～1941年），生于吉林五常（今属黑龙江）。东北抗日联军优秀指挥员。"九一八"事变后，成立抗日山林队并任队长。1934年2月接受中国共产党联合抗日主张，联络召集各山林队成立抗日救国义勇军，被推为首领。1935年加入中国共产党。曾任东北人民革命军第8军军长，东北抗日联军第10军军长，第2路军8支队支队长。1941年1月，在战斗中牺牲。

祁致中（1913～1939年），山东省曹县人。1933年领导驼腰子金矿工人暴动，组建反日队伍，后改编为东北抗日联合军独立师、任师长。1935年加入中国共产党。后任东北抗日联军第11军军长。

东北抗日联军最坚决、最勇敢、最忠实地站在抗日斗争的最前列，是中华民族的杰出代表，是中华民族的不屈脊梁。东北抗日联军的辉煌业绩将永远彪炳中华民族的光辉史册，以强烈的爱国主义思想和宁死不屈、百折不挠的民族气节为核心的抗联精神，永远激励中国人民在建设社会主义现代化强国的宏伟事业中奋勇前进。

第四篇　桓仁满族自治县旅游景点导游词

五女山山城

各位游客：

大家好！欢迎参观风光秀美、文化悠久的历史名山——五女山。

【五女迎客】

各位抬头看一下上方，有五座大小不一的峭壁，称为"五女迎客"，传说是五姐妹的化身。姐妹们衣袂翩然，亭亭玉立，在这里庇佑一方平安，欢迎您的到来，并祝大家生活幸福，吉祥如意！

【开山鼓】

相传高句丽第一代王朱蒙每次出征，都在这里击鼓鸣号，点将出兵，战后便凯旋而归。时至今日，我们叫它开山鼓，一敲招财进宝，二敲步步高升，三敲金榜题名，四敲万事如意！

我们面前的这条路叫石阶路，到达山顶共有999级台阶，是1999年修建的，意在九九归一。石阶路看上去既陡峭又漫长，但它象征着积极进取、节节登高。我相信每位登山的朋友都会生活幸福、财源广进；仕途平坦，步步高升。下面就请大家随我一起去追寻历史的足迹，领略高句丽第一都城的风采吧！

五女山位于辽宁省桓仁县城北8.5公里的浑江右岸，主峰海拔823米，山体平面呈不规则长方形，南北长1500米，东西宽300～

500 米。公元前 37 年，一个叫朱蒙（邹牟）的王子，慧眼识珠，看中此地，凭借天险建立了高句丽第一个王都——五女山山城。山城刚诞生时，名叫"纥升骨城"，"纥升"是说仙气缭绕上升，"骨"象征着坚固无比，这个名字显示这座山城犹如仙境且牢不可破。那么"纥升骨城"是如何更名为"五女山山城"的呢？

相传唐代，有五位女子屯兵"纥升骨城"，身怀绝技，武功高强。公元 755 年，驻守北方的军事将领安禄山反叛，进攻长安。其间派人从幽州范阳郡到卒本城（也就是今天的桓仁）征兵抓丁，城里的百姓纷纷避进纥升骨城，并与官兵发生激战。搏斗中，五姐妹奋勇抵抗，誓死不降。官兵见此山势险峻，易守难攻，就沿山麓纵火烧山。但是不愿参加叛乱的人们就是不下山。大火过后，山顶出现了五彩云霓，竟数日不散。民间流传，说那是宁死不屈的五女魂魄。后人将五姐妹葬在山上，为了纪念先贤，便将她们屯居的山峰叫做"五女山"，把"纥升骨城"改称为"五女山山城"。时至今日，山上依然可见"五女房""五女坟""练功石"等历史遗迹，当然这只是一个悲壮的传说。

据考证，桓仁在西汉时期被称作卒本夫余，五女山又被称作夫余山，五女便是夫余的音变，五女山，其实就是夫余山。这里作为历史上中国东北边疆属国政权高句丽的第一都城，长达 40 年之久。2004 年，在苏州召开的第 28 届世界遗产大会上，五女山山城以"高句丽王城、王陵及贵族墓葬项目"被列入《世界遗产名录》。

【十八盘】

这是一条通向山顶城门的"之"字形千年古道，是 2000 年前高句丽人修筑的。路面为土或山石，路外边大多砌有矮小的石墙，有部分路段砌了护坡。路面坡度在 10° 左右，最陡处为 40°，路宽1～1.5 米，全长 938 米，这是一条唯一能走车马直达山顶的路，当时高句丽的运输几乎完全依赖这条路。为了方便游客行走，在土路面上铺设了石板，这条路曲曲折折，回环旋转，到达山顶，共有十八盘，所以叫"古道十八盘"。

近几年，考古学家对五女山进行了多次考古发掘工作，发现了众多的古代遗迹、遗址，出土了大量的古代文物。年代最早的文物是新石器时代晚期的陶器，距今已有4500多年的历史，就是说早在4500年前，我们的祖先就在这里繁衍生息了。同时还发现了战国晚期的石剑、石凿和筒形罐；高句丽建立前期、中期和后期的陶器与铁器，以及辽金时期的生活用具、生产工具和武器等。

五女山山城不只是高句丽的发祥圣地，也是满族的肇兴之地。

明永乐二十二年（1424年），建州女真首领李满柱率众来到桓仁，住在五女山下的瓮村等地，开始成为满族先人的活动区域。

据史书记载，李满柱生性聪明强悍，一面向明朝俯首称臣，一面不断出兵攻掠边境，又经常骚扰朝鲜，对朝鲜烧杀抢夺。成化三年（1467年）九月，明朝和朝鲜联合出兵，朝鲜出兵1.5万人，明朝出兵7.8万人，从各路开往婆猪江（现在的浑江），讨伐李满柱，斩杀了李满柱和他儿子等286人，生擒了李满柱和古纳合等人的妻子。

李满柱死后，其他部众纷纷逃散，此后时衰时盛。明末，女真人栋鄂部又兴起于桓仁，万历十六年（1588年），该部落一万多人归附努尔哈赤。天命元年（1616年），酋长何和礼被封为五大臣之一。所以，五女山又是满族的发祥地之一。

1996年，五女山山城被列为全国重点文物保护单位，1999年被评为全国十大考古新发现之一；2002年被评为国家AAAA级景区；2004年被列入《世界文化遗产名录》。

五女山山城以山险为天然屏障，在缓坡处砌筑人工墙防御。城墙全长4754米，人工墙565米，占城墙总长的12%；天然墙4189米，占城墙总长的88%。这个谷口两侧的峭壁垂直高度有100余米，它们就是山城的天然城墙，所以说朱蒙在五女山建造城郭宫室，可以节省大量的人力、物力、财力。

这株便是世界稀有名花——天女木兰，也是本溪市的市花。天女木兰属于落叶小乔木，生长在阴暗潮湿的地方，不喜光。树高一般为 4~7 米，最高的可达 10 米，胸径最粗的有 12 厘米。这种树开白花，有 9 片花瓣，花香很浓，很远就能闻到。天女木兰是名贵的木本芳香植物，可以提取高级香料，也可以用于食品、化工、化妆品等行业。国家已经把天女木兰列为发展香料的重要品种之一。

五女山文化底蕴丰厚，自然景观秀美，它处处藏景，景秀四季，四季不同。春有杜鹃吐蕊，夏有木兰飘香，秋有红叶漫山，冬有青松傲雪。五女山的气质散发着大自然的淳朴，却不俗气。下面请大家去看第一个自然景观"云海松涛"。

【云海松涛】

意在远可观云海，近可闻松涛。秋季清晨，云海浮现。近处枫叶绯红似火，怪石奇松，远处云朵涌动，穿行于崇山峻岭之间，可谓一涧白云，满面清风。再看古松参天，山风掠过，不知是风动，还是树动。风在枝间蹿，枝在风中舞，如波涛汹涌，万马奔腾。

【五女坟】

当年五姐妹为保一方平安，战死在这座山上。大家找到五位姑娘的遗体，悲痛万分，将她们葬在这里，为她们修坟砌庙，让后人永远记住五女护佑百姓的壮烈之举。后来虽然几番更改山名，老百姓都不买账，仍然称其五女山，并一直流传至今。

千百年来，人们不愿相信五女已死，而是幻想她们变作五位仙女踏着彩云升天而去，山上的"姊妹桥""五女松"等景点便是当地百姓对五姐妹恩德的一种怀念。时至今日，碑刻、祀台依然有所保留，还有人留下了这样的叹辞：

何必坟坛苦访寻，碑铭众口久弥殷。

边陬辗转传佳话，长仰安良除暴人。

【石台阶】

这里有 63 级石台阶，全长 22.7 米，宽 2.2 米，石台阶分两段，一段 8 级，一段 55 级。台阶是用块石、石板和楔形石砌成的。每级台阶用的石头数量不一样，少的有 2 块，多的有 5 块。台阶表面砌得不太平整，砌筑方法也比较简单。

从这里下去有一片很平的地方，考古工作者对那个地方没有进行发掘，所以不知道那个地方有没有建筑或有什么别的用处。也没有发现从这里通往山下的路，有很多人推测那里有可能是后宫，也就是妃子们居住的地方，如果真是后宫，那么后宫的妃子们就会经常地走这些石台阶了。

说起妃子们我给大家讲一段故事：

类利继位的第二年，娶沸流国国王松让的女儿作为妃子。一年后，松妃去世，类利又娶了两位妃子。一位叫禾姬，家住鹘川，在今天的五女山下，是高句丽人。另一位叫雉姬，是汉族人。两妃争宠，常常发生口角，类利便在凉谷建造了东西二宫，分别安置两位妃子。有一次，类利外出打猎，七天没回来，两个妃子在家里再次争斗，雉姬忍受不了禾姬的辱骂，愤然出走。类利回来以后，不见了雉姬，一听此事，骑马便去追赶，无奈雉姬已心灰意冷，百劝不归。类利只好一个人回宫。路上，他在一棵大树下休息，仰视树上的黄鸟双双飞落，心里悲凉，于是写下了一首诗："翩翩黄鸟，雌雄相依，念我之独，谁其与归？"说的是：飞来飞去的黄鸟，双双依偎在树枝上，可怜我这样孤独，谁来和我一起回家。这首诗只有四句，很短，却道出了类利对雉姬深深的恋情。这首《黄鸟颂》的风格与《诗经》极为相似，从中不难看出高句丽王族受中原文化的影响极为深刻。

五女山山城占地约 160 万平方米，有 34 平方公里的建设控制地带。森林非常茂密，覆盖率在 80% 以上。土质肥沃，林盛草丰，食用野果、山菜品种繁多，珍贵林木有核桃楸、黄菠萝、紫椴、水曲柳等。花开之季有天女木兰花、野杜鹃、红刺玫瑰等，动物有狍子、狐狸、野兔、野鸡等。

【西门遗址】

五女山山城共有东、南、西三个城门，我们现在看到的是西门，也是唯一设在山顶的城门，另两个城门在山后的半山腰。大玻璃罩和木板下面的是石台阶，用自然石板铺成的，下部石板较小，上部石板较大，台阶共有5级，长3.3米，宽2.4米。这两块是门轴石，是由花岗岩琢制的，顶部都有一个石窝，门轴石的发现说明当时这里安装了大门。我们再看这两个建筑，南、北各有一个，形制一样，三面用石头垒砌，一面留口，面积很小，仅容一个人站立，这就是当时士兵站岗的警卫室，上面还应该有亭阁式的木制建筑，可以遮风避雨。五女山山城在城址布局、墙体砌筑以及墙石加工等方面，开创了高句丽民族构筑山城的先河，对后世高句丽山城建筑乃至东北亚建筑技术都产生了巨大影响。那么这些石墙是如何砌筑的呢？首先把石块加工成两种形状，一种为"梭形石"，就是两头尖尖的菱形石；一种为"楔形石"，一头尖窄，一头宽厚，形状像楔子。然后墙内用梭形石插砌，以块石和碎石填充，形成牢固的内墙体；外壁再砌楔形石，把尖窄的一端插入梭形石垒砌留下的空隙中，形成平整的外墙皮，两者交错咬合，减轻城墙向外的张力，所以才能保存两千多年不倒。南侧的这段城墙长4米，宽6.8米，残高2米，墙顶的面积较大，能容纳更多的人参加战斗，说明它应该是防御型设施。它的转角呈弧形，非常规整，这表明了高句丽人的智慧和高超的筑墙技术。北侧的这段城墙长25米，宽4米，高3.7米。西门与石墙、石崖共同组成了内凹的瓮门，如果有敌军攻打，守门士兵可以正面迎击，也可以从两侧夹击。前几年考古工作者在石墙下边发现过一些铁箭头，有的因为射在墙上，箭尖已经弯了，显然这里发生过战争。

【一号大型建筑址】

现在，我们大家看到的是一号大型建筑址，长 13.5 米，宽 5 米。前排有 7 块大石，东西排列，间距在 1.7 米左右。它们大小相近，比较平整，为菱形或不规则四边形，有人为加工的痕迹。左侧第二块石头被人挪动过，后来又把它恢复到原位。那么是谁挪动过这块石头呢？当年考古发掘时在遗址的后排也发现了 5 块同样的大石，但后排的 5 块和前排的 7 块不是一个时期的，后排要晚一些，是金代的遗迹，所以很显然后面的石头和前排第二块是被金代人挪动了。这些石头是干什么用的呢？据分析，是垫在木柱下面的础石，这是一座大型的房址，里面出土了汉代的"五铢"钱和王莽时期的"大泉五十"钱各一枚。这里坐北朝南，背风向阳，距离水源很近。因为此处房址规模较大，生活条件便利，所以推测它是朱蒙掌权后修建的宫殿。

虽说是宫殿，但也十分简陋，并不像我们想象的那样辉煌，既没有五光十色的琉璃瓦，也没有洁白如玉的台阶，只不过是一座比较大的房子。当时高句丽民族还不会制造砖瓦，到了公元 2 世纪才掌握制造砖瓦的技术，所以推测那时宫殿的墙壁应该是土石结构或木质结构，房顶苫茅草。大家不要小看这座简陋的宫殿，高句丽的政权就是从这里开始经过一步一步地发展，逐渐走向成熟和壮大的。

五女山山城作为高句丽的第一都城，整整沿用了 40 年，先后曾经有两代国王在这里执掌大权，发号施令。公元 3 年，第二代王琉璃明王将都城迁到集安，也没有把这个都城废弃，仍然作为故都和重要的山城继续沿用，直到 668 年高句丽政权灭亡。

【太极亭】

仁者好山，智者乐水，桓仁就是山清水秀、人杰地灵的好地方。咱们登上太极亭，凭栏远眺，桓仁天然形成的太极图便可尽收眼底。这幅太极图是哈达河和浑江两水汇流以后回环旋转所形成的，桓仁县坐落在太极图的阳鱼。《易经》上说，太极生两仪，两仪生四象，四象生八卦，八卦定吉凶。光绪三年（公元1877年）桓仁设县，第一任知县章樾认识到："城邑未修，则民无所依，生谷未兴，则民无所食"，于是广招民工，白手起家，在天然太极的小平原上凿池筑城。设计者东边道尹陈本植，按照易经学说，本着"城象八卦，以宣八风，门开三元，以立三才"的设计理念，把县城建成八卦形。县城设三处城门：东曰宾阳、西曰朝京、南曰迎薰，北修城楼。章樾任职期间，组织民众凿岭开道，发展桑棉，施德政，重民生，被民众称作"父母官"。老县城虽然不复存在，但道路建设基本还可以看出八卦的轮廓，县城内还保留了一段老城墙。

桓仁地貌还有一个奇绝之处，那就是在太极图的周围还有四方之神守护。四方神分别是东青龙、西白虎、南朱雀、北玄武。玄武是由龟和蛇组合成的一种灵物，朱雀传说是大鹏金翅鸟的化身。五女山就是北方之神"玄武山"（前面的小五女山是乌龟的头，山梁是乌龟的脖子，我们脚下峭壁上方的平台是乌龟的背，山脚下的浑江和哈达河就是蛇）；我们正前方的那座山叫鲲鹏山，三个山尖连在一起，像一只展翅飞翔的大鸟，它就是南方之神"朱雀"；浑江水中的龙岗就是"青龙"，但它位于西方；凤鸣卧虎山上裸露出来的岩石就像一只回头的上山虎，它就是"白虎"，但位于东方。桓仁"青龙"和"白虎"的位置是颠倒的，那太极图形呢？桓仁的太极图也是一个反"S"形，现在让我们把这个太极图翻转过来，是不是就变成了"东青龙""西白虎"了呢？所以说桓仁八卦县城是名副其实的"中国易学标本地"。

【蓄水池（俗称天池）】

俗话说"有多高的山，就有多高的水"。这是山上最低的地方，水流到这里汇集，形成仅有的一处水源，俗称"天池"，也是高句丽第一王都的蓄水池。它养育了历朝历代居住在山上的人们。蓄水池长12.7米，平均宽度为5.7米，最深处达到2米。为了使池水清洁，高句丽人在四周砌筑了石墙，又在水池东南角砌筑了一个方形小井，小井深1.2米，天池水渗进井内，就等于完成了一次简单的过滤，使水质更清洁，可以直接饮用。

这边有一个小水池，大水池的水满后流入其中，那么这个小水池是干什么用的呢？史书上记载高句丽人喜洁净，它应该是姑娘们沐浴、洗衣服以及将士们饮马所用。

关于天池有一个传说：古时候，山下有户农家，儿女都成家立室，老两口相依为命。一日老翁上山砍柴，老妇家中纺织。晌午时分，老妇见一年轻人背了一担柴来到院中，便迎出门来仔细打量，"咦！这不是老翁年轻时候的模样吗？"一问才知，老翁砍柴时口渴，偶遇一水池，喝了几口池水，便年轻了二十岁。老妇也要变得年轻些，这样才能和老伴相配啊！于是第二天便独自上山寻找天池。可日落西山，还不见老妇回来，这年轻二十岁的老翁心急如焚，便上山寻找。费尽周折，终于找到了当日的水池，但见那老翁连连摇头叹气，哭笑不得。猜猜为什么呢？原来他根本没看到老妇的踪影，看到的却是一个襁褓中的女婴。

【狐仙洞】

相传山下住着十几户人家，生活贫困，多以捕鱼、种地、狩猎为生，只有老张家出了个读书人，将来若是有了出息，也许能泽荫乡里。

老张家就娘俩，儿子叫张元俊，读书勤奋，一表人才。一天，张元俊去探望舅舅，回家时灯笼被一阵风给吹灭了，他只好摸黑往家走。走着走着，张元俊忽然发现有两盏灯笼在前面为他引路照亮，却看不见人。快到家时，两盏灯不见了。张元俊在灯灭处细细察看，发现在一块大石头后面有个小洞，就嘟囔了一句："不许再出来兴妖作怪了！"顺手拾起一块石头把洞口给堵上了。他回到家洗漱一下就安歇了。睡下不一会儿，张元俊便做了个梦，见一个老者笑呵呵地对他说："张公子，我们本是一对狐精，修行近千年，还没成正果。三年前，多亏您的庇护，老妻才免遭伤害，我们希望能报答您，昨晚便冒昧为您引路。"顿了一顿，接着又说："三次会试您可不能错过，您施展才华的机会到了。在西屋南墙下有一罐银子，可以做您的盘缠。最后请您把洞口的石头拿开吧！我们准备搬到山上去，那儿有个僻静所在，很适合我们修炼。"说完老者忽然不见了。

天亮后，张元俊仔细回想，的确三年前的一个雷雨天，他打柴回来，有只狐狸跑到柴捆下避雷。他挖了西屋的南墙角，果然发现一罐银子。第二天拿掉了堵在洞口的石头，为狐精解围。

苍天不负有心人，乡试、会试张元俊均名列前茅。一年半后，殿试得中一甲三名，成为探花郎。

张元俊觉得这对狐精知恩图报，十分善良，决定趁省亲之机到山上拜谢一番。但众人寻找半天却踪迹全无，只剩南坡断崖没有找过，有人自告奋勇扯藤萝顺到下面，果然发现狐精的踪迹，但却找不到它们。张元俊很失望，徘徊半天，在山石上题了首诗："残垒笼烟霞，台前仙路赊。巉岩凝玉露，虬干落松花。白昼春方永，黄粱梦未遽。太平期有日，野老乐桑麻。"

当晚，张元俊又梦到了那位老者，他说："恩公亲自上山寻访，我们却不敢贸然现身。就请您为我们书写一纸牌位，得了您的口封，我们就脱离了俗体，以后也好为百姓们做点事情！"

第二天，张元俊起床发现床头放着一张纸，上面写着：胡三名"中常"、胡三娘名"灵素"。张元俊当下便依所求工整书写，命人用木牌刻好后涂上漆，带着供品率众人二次上山，将牌位放置在狐仙洞前，摆供上香，命人代他叩首拜祀。

临行前，张元俊三次上山辞别狐仙。后来他走马上任，为官清廉，造福百姓。胡中常与胡灵素一对狐精受了张元俊口封，加上积德行善，终成正果。千百年来只要人们所求正当，他们总是有求必应，至今善男信女、莘莘学子来此求福祈愿者仍然络绎不绝。

狐仙洞也是一个兵器库。古书记载，五女山上"又有窟，窟内刀枪甲胄多积，而取之者则死"。说的是：五女山上有一个洞，洞内堆积着大量刀、枪、铁甲衣、铁盔，但是，谁来偷拿就会被砍头。《桓仁县志》也记载：山上有一洞，内插春秋刀一把，时有时无，任谁也拔不去。这洞，指的便是狐仙洞。

【三号大型建筑址】

这是一座高句丽时期的大型建筑址，长 22 米，宽 16 米，最深处 1.4 米，属于半地穴式建筑。平面为长方形，三面砌筑石墙，东面直接利用山坡凿出的土坎为墙壁。石墙分为内墙和外墙，中间有一条沟相隔，分析这条沟有可能是排水沟。内墙的内壁是用规整的楔形石砌筑的，地面是自然石，比较平整。西面这个土堆就是修建这处遗址挖出的土堆积的。遗址上面的建筑已经不存在了，也很难想象出它是什么结构和样式。

这处遗址到底是干什么用的呢？现在还没有一个明确的定论，根据其他高句丽山城的特点来看，一般都有水源和仓储遗址，再根据这三面都有排水沟的特征，推断它可能是当时的仓储。但是也有其他的说法，如马圈、武器库，还有的说是议事厅，也就是高句丽王召见大臣的地方。总的来说，这么大的遗址，在当时也是一项很了不起的工程，要花费很大的人力和物力才能建成的。

【居住址】

在这片比较平坦的山地上，分布着一个个土坑，共有 21 个，每个土坑就是一座房址，比较密集，相互靠近，都是半地下式建筑，平面呈圆角长方形。

这些房子是怎样建造的呢？首先在地上挖一个深约半米的长方形坑，挖出的泥土堆积在房址的四周，形成低矮的防水墙。有的房址在室内墙壁四周贴上石板或砌筑石墙。室内铺设折尺形的火炕或火墙，火炕下面一般有两三条烟道，烟道上面铺石板，石板上抹泥形成炕面。这边是灶，烟囱在室外的土墙上，烟囱底部只有一圈石头，所以当时的烟囱应该是空心木。土墙上面没有发现石头或柱洞，推测墙壁应该是横木搭建的。

在这些房址中出土了大量的陶器、铁器等遗物，特别是有两座房子失火后，屋里的物品都被压在坑内，出土了很多兵器，有铁箭头、铁矛、铁甲片，还有一件铁甲衣，反映了这些遗址都具有军事性质。因此这里应该是兵营，是守卫山城部队的驻地，这些部队是兵民结合，平时为民，战时为兵。

【点将台】

点将台位于山城最南端，海拔 804 米，是山城的制高点，这是瞭望的最佳位置，可以同时兼顾东、南、西三个方向。古代道路多沿江河两岸延伸，在这里，江上的行船、岸上的行人都能看得清清楚楚，也是监视浑江水路的重要哨所。

站在山巅，脚触祥云，眼汲沧海，桓龙湖、万乐岛美景尽收眼底。桓龙湖是 1958 年在浑江牤牛哨修建发电站时形成的。浑江发源于吉林省的浑江市，全长 447 公里，流经桓仁境内 161.8 公里。桓龙湖横跨两省三县，是辽宁省最大的水库和最大的淡水养鱼基地，库容量是 34.6 亿立方米，水域面积 14.8 万亩，沿线 81 公里，最深处达到 60 米，年产淡水鱼 2000 吨以上，它拥有"万乐岛""杜鹃岛""马面石""七音谷"等众多景点，并能观赏到"列宁峰"。桓龙湖烟波浩渺，群山浮荡。山水交接的一处是金色的沙，那是碧色桓龙身上的鳞片，碧水翻腾，金沙沟嵌，绿树蓝天掩映青瓦红墙，到处洋溢着人与自然的和谐统一。这里流云伸手可触，穿过指尖，心境会豁然开朗，慨叹"会当凌绝顶，一览众山小"，有"东临碣石，以观沧海"的豪情万丈。

如果说桓龙湖是一条腾飞的巨龙，那么万乐岛就是湖上一颗璀璨的明珠。万乐岛是一个四面环水的湖中岛。因其地处万家沟的沟门，从高空俯瞰，岛形酷似古代的"乐"字，故名"万乐岛"。万乐岛总面积 225 亩，海拔 344 米，高出水面部分近 60 米，岛岸线长 2600 米。岛上森林茂盛、植被丰富，森林及草坪的覆盖率达 85% 以上，生态环境优越，有多种鸟类聚居，是一处集佛教文化、生态观光于一体的旅游胜地。全国最高的杨柳观音像依岛而立，同时建有东北最大的魁星楼、文昌阁、三方佛石窟及龙华寺、五方五土财神庙等，真是梵宇林立、晨钟暮鼓。善男信女们尽可在此拜观音、礼圣迹、求荣禄、祈平安，实现心中的美好夙愿。

这里有一个人工凿的圆孔，也叫柱洞，分析在这上面可能有亭阁之类的木质建筑，当然不能只有这一个柱洞，旁边还应该有几个这样的柱洞，经过几千年的风雨侵蚀，其他那几个已经看不到了。

【高句丽的丧葬习俗】

原来在江对岸有一个高丽墓子村，周围分布着大大小小上千座高句丽积石墓，修建水库时被淹没了，现在只剩两座在山坡上，其中一座是由六个墓葬连在一起纵向排列的串墓，是具有典型的血缘关系和家族的墓葬形式，属于高句丽的早期墓葬。

我给大家讲讲高句丽民族的丧葬习俗，史书记载："男女已嫁娶，便稍作送终之衣，厚葬，金银财币，尽送于死，积石为封，列种松柏。"说的是：高句丽的男女在结婚后，就把死后的衣服准备好，等死了以后把生前所有的钱财和贵重物品全都埋到坟墓里，用石头垒砌坟墓，然后在坟墓的周围种上松树。我们把"积石为封"的墓葬叫作积石墓，这种积石墓的大小不一样，有权势的墓就大一些，平民百姓的墓就要小一些，而且随葬品也没有贵族墓葬多。早期的墓葬大多数在山坡上，后期逐渐向平地发展，而且由早期的积石墓演变成中晚期的封土石室墓，这也是因为中原文化对高句丽的影响。

桓仁米仓沟村的将军墓就是典型的封土石室壁画墓，墓外土堆高 8 米，下面周长 152 米。墓里边有墓道、耳室、墓门、墓室。墓室是正方体的，长、宽、高都是 3.5 米。墙壁上有莲花图案的壁画。墓室里有大小相差几厘米的两座石棺床，属于夫妻合葬墓，女性的石棺床稍小一些，男性的石棺床稍大一些，可见男尊女卑的封建思想在高句丽民族中也是根深蒂固的。将军墓是高句丽中晚期的王族墓葬，距今已有 1500 多年了。

【二号大型建筑遗址】

这是二号大型建筑址，长 20 米，宽 9.5 米，是在人工修整的平台上建筑的。这座遗址一共有三排础石，每排础石有 9 ~ 11 块，都是没有经过人为加工的自然石，横向和纵向的距离都在 1.7 米左右，中间距离大的是被后人把础石给拿走了。这些础石的间距这么小，直接在地表砌墙是不可能的，因为屋内的空间太小，人在里面活动非常不方便，所以推测它应该是杆栏式的建筑，也就是先在础石上立木柱，然后在离地面一定距离的空间建造房子，人居住和活动的空间都在半空中，这样既可防潮又可以躲避野兽的袭击。

考古工作者在对这处遗址进行发掘时，发现地面局部有厚大约1 厘米的黑色木炭灰，木炭灰上有大量的红烧土块，红烧土块上面有木棒或木条的印迹。大量的木炭灰说明这座房子当时着过火，红烧土块也是泥土经过火烧以后才变成红色的。至于红烧土块上的木棒和木条的印迹说明房子的墙壁在当时应该是用泥贴在木棒或木条上留下的，着火以后倒在房子里。这座遗址出土的遗物有高句丽时期的陶器残片和玉环等，根据这座房址的规模和出土的玉环来看，这里应该是王族的居住址。

里面靠悬崖边有两座小的房址，年代要比这座大的遗址稍晚一些。每个房址大约 10 平方米。左面的那座没有发现墙壁或火炕；右边的那座一面靠悬崖，两面砌有土石混筑的墙壁，里面有折尺形的火炕和灶坑，它的建筑方式和刚才我们看到的兵营遗址相同。

这边的小平台上有平铺或半埋地下的础石，在当时也应该有建筑，但是它被金代的房址给破坏了，具体的形式和结构已经无法想象，但考古工作者推测它应该是大遗址的附属建筑，是大遗址的配套工程。

《旧三国史》记载，五女山山城是天帝创建的城池。传说山上起雾的那天，不见山，不见水，不见人，却从茫茫大雾里传出了数千人凿石、砌石的声音。朱蒙听了，十分高兴，他说："这是天帝派人给我修造山城呢。"七天后，云开雾散，日丽天晴，五女山上果然出现了石城、宫殿、楼台。朱蒙非常感谢天帝，面向苍天拜了又拜，然后率领五名大臣，进入城里，住进了宫殿。

这个传说把筑城说得太神了。

其实，修筑山城耗费了高句丽大量的人力和财力，是高句丽人民负担的一项苦役。为了修城，年满15岁以上的高句丽男人常常被征调。由于人民不堪劳累，常常以逃亡的形式表示反抗。高句丽第14代烽上王，就因大修城郭宫室，被国相仓仇利发动的政变赶下了台。

高句丽山城是军事要地，但不适于生产、生活，所以高句丽的都城均由山城与平原城复合组成。在五女山山城西南10余公里处浑江右岸的平原上，坐落着一座高句丽时期的平原城，就是今下古城子村。城墙夯土筑造，与五女山上下相望，互为依托。平时，高句丽王公贵族生活在平原城，一旦发生战事，则退守五女山山城。

【一线天】

一线天全长71米，最宽处2米，最窄处0.65米，只容一人通过，最深处31米。一线天两侧绝壁对峙，惊险壮观，从崖底仰望，只见一线蓝天，所以取名一线天。大家往下走的时候要注意脚下的石台阶，两边有扶手，大家要注意安全，不要拍照。走到这里，您有什么样感觉？曾经有人这样评价一线天："艰险畏如蜀道难，千阶穿窦入云端，扪藤人在清虚境，忽闻头上有客喧。"

【朱蒙降生的传说】

关于朱蒙的降生，很多史书都有神话般的记载。

朱蒙是高句丽的第一代王，他原来是夫余王的一位王子，母亲名叫柳花，传说是河伯的女儿，后来做了夫余王金蛙的婢女。

柳花因被太阳照射而怀孕，生下五斤重的大卵。夫余王对这只大卵非常反感，把它丢给了狗和猪，狗和猪不吃，又把它抛在路上，牛和马见了，不踩也不踏，绕到一边走开了。夫余王又把它扔到荒野，鸟儿见了，却纷纷飞来，张开翅膀遮护着大卵。夫余王被气得举起大刀，一刀下去，本想把大卵劈成两半，然而左砍右砍，就是砍不开。没办法，只好把大卵还给了柳花。柳花得回了大卵之后，用一些衣物把它包裹起来，放到暖洋洋的地方，大卵的外壳很快就裂开了，从里边钻出了一个英俊的男孩，这个男孩就是朱蒙。

这段神话似乎荒诞。其实，这里隐藏着一个真实的历史，它告诉我们，高句丽人是一支崇拜太阳的民族。柳花因太阳照射而怀孕，话外之音就是她怀揣着太阳的儿子。有的史书说那个大卵"恒存日光"，其实便是太阳的幻影。史书记载朱蒙"承日光而生"，原因就在这里。有人考证，朱蒙是朱明的音变，朱明正是古时候对太阳的称呼。高句丽人每年10月都要举行东盟大会，实际上就是一次祭祀太阳的盛大活动。

朱蒙是怎样来到桓仁地区建国立都呢？

朱蒙是射箭高手，七岁的时候自己就能制作弓箭，百发百中。夫余王一共有七个儿子，但他们的技术远远不如朱蒙。大儿子带素心里不服，便暗中向国王打了小报告，说朱蒙不是正常诞生的人，又有无穷的勇气，如果不早灭掉他，将来会留下祸患。夫余王没有接受这个主意，却给了朱蒙一个养马的苦差事。朱蒙喂马的时候，有意让骏马少吃草料，瘦下去，让笨马多吃草料，肥起来。一次，夫余王外出打猎不知内情，挑选了肥马自己骑，把瘦马给了朱蒙。朱蒙打了许多野兽，有野鹿、山狍、獐子，于是又引起了王子和大臣的嫉恨，他们聚在一起，再次预谋杀害他。柳花暗中听到了这个消息，偷偷告诉了朱蒙，劝他赶快逃走，朱蒙听从母亲的劝告，带着乌伊等三个人，逃离了夫余，向东南奔走。

走着走着，一条大江横在前面，挡住了去路，追兵就要追上来了，江上又没有桥，朱蒙于是向水神祈祷说："我是太阳的儿子，河伯的外孙，今天逃难至此，追兵就要追上来，帮帮我，渡过这条大江吧。"话音刚落，江里便涌出无数鱼鳖，搭起了一座浮桥。朱蒙等人踩着浮桥，渡过了大江，鱼鳖纷纷又沉入江底。追兵来到江边，望江兴叹，只好放弃追捕。

鱼鳖浮成桥，显然是神话，却反映了高句丽人信奉水神的宗教观念。传说柳花是河伯的女儿，因此朱蒙自称是河伯的外孙，高句丽每年都要在国东水上祭祀穴神，可能和水神有关。

过江后，朱蒙遇见三个人，这三个人穿戴不同，一人身穿麻衣，一人身穿衲衣，一人身穿水藻衣。他们可能代表当时桓仁地区三个经济形态不同的部落，穿麻衣的人以耕为主，穿衲衣的人应该以狩猎为主，穿水藻衣的人应该以渔业为主。朱蒙遇到这三个人，非常高兴，他说："我刚刚接受天帝的命令，打算在此建立都城，正巧遇到你们三位贤士，真是上天的恩赐。"

朱蒙和这三个人一起到了卒本川，就是现在桓仁县的上下古城一带。朱蒙看见这个地方"土壤肥美，山河险固"，就打算在这落脚，但没有修建宫室，便在浑江边上盖起了茅草房，暂时居住。不久，朱蒙来到纥升骨城，就是现在的五女山上称王，号称高句丽。

朱蒙掌权时期为汉元帝建昭二年，公元前37年，当时朱蒙22岁，也是风华正茂的好年龄。

朱蒙掌权后，先后灭掉沸流国、荇人国、北沃沮，疆土渐大，国力渐强。公元前19年，朱蒙去世。《好太王碑》记载，朱蒙在位19年后"不乐世位，因遣黄龙来下迎王，王于忽本东岗，黄龙负升天"，意思是朱蒙不喜欢人间的王位了，因此，天帝打发黄龙来迎接他，朱蒙便在忽本东岗，驾着黄龙升天而去。高句丽人死后习惯火葬，信奉人死后可以随烟升天，因此将烟比喻成黄龙。朱蒙死时年仅 40 岁，后人追谥为东明圣王。忽本东岗在五女山东面的某一座小山上，到目前为止还没有发现朱蒙的墓葬，这也是一大遗憾。

【饮马湾】

这是山城唯一的一处山泉水，四季不干，常年流水，冬暖夏凉，水质纯净，经化验可以直接饮用。我们站的这条路是当年高句丽将士们巡山的马道，马道全长 2350 米，宽 2 米。在城墙内住着大量的守城战士，每天战士们都到这里打水或饮马，这处泉水解决了守城将士们的吃水问题，所以才能有很多的高句丽人在山下守卫城墙和山上的都城。由于这的水清纯可口，住在山上高句丽的王族们也可能都吃这里的水，当然得有一些人专门负责往山上运水，才能满足他们的需要。

【漫水墙】

大家请看下面的这段城墙，这段城墙长 120 米，高 4 米，平面是外弧形。它建筑在山城的最低洼处，城墙外壁的地基有很多是用大石条砌的，地基上面砌的是楔形石，楔形石的规格要比其他几段城墙的大。城墙和山坡之间叠压或堆积大石板和石块，形成内高外低的缓坡。这段城墙没有内壁，那么这段城墙为什么要这么砌筑呢？因为墙内有饮马湾的水要流到墙外，每逢雨季山水集中也要流到墙外，当时又不会砌筑排水系统，只能用这种方法让饮马湾的水和山水从墙顶上流过。用规格大的石头既能加大城墙的稳固性，又解决了山上的排水问题，在当时来说也是一个非常高明的设计。在这段城墙上面曾经出土过一些战马身上的马具和一些铁箭头，也就是说有可能是骑马的士兵在这段城墙上打过仗。

【哨所遗址】

大家请跟我来看看这两个哨所遗址，这两个哨所遗址与其他的遗址不一样，我们在山上兵营遗址看到的都是圆角长方形的房址，而这两个房址都是正方形的，大小都在 30 平方米左右。更特殊的是，这个遗址里有两铺炕连在一起呈折尺形，两铺炕总长 8 米，宽1.8 米。两边分别有一个烧火的灶坑，而且两铺炕都用那一个烟囱，屋里边除去火炕和灶坑的面积，剩下的活动空间非常小，只有4 平方米左右，根本不适合家庭居住。其他房址没有发现门道，但这个房址就有一条非常明显的门道，宽 0.7 米，两边用石头垒砌，门道里和屋里地面铺了两块大石板，人顺着这个门道进去烧火、做饭、休息。我们再看看这边的房址，屋里一共有三铺单独的火炕，每个火炕都有一个灶坑和一个烟囱，这两边的火炕小一点，长 3米，宽 1.3 米，只能住 1 个人。里边的那个炕大一些，长 4 米，宽2 米，住的人也要多一些。从这些炕的布局上看，也不可能是一家人在这居住，他们都是自己烧自己的火，自己做自己的饭，有集体宿舍的性质。在这个房址里出土了一些铁箭头和一把铁斧，这些都充分说明了这两个遗址带有极强的军事性质。这两个遗址就是观望山下道路和把守这个豁口的哨所，那边砬头也有两个哨所遗址，它同时防守两面的豁口。五女山上一共发现了 20 多个这样的遗址，都是建在砬头上的，视野比较开阔，又有利于控制豁口，哨所遗址在整个山城的防御体系中占着非常重要的位置。

【东墙东门】

这里是山城的东门，宽 4 米，当时应该有门但并未发现门轴石。两侧的城墙形成折尺形，有战争时可以从正面迎击，也可以从侧面攻击，这是高句丽早期山城的一大特点。现在我们看到的铜线是原始墙和后修复的分界线。铜线内的是原始墙，距今已有 2000多年。铜线外是后修复的墙，原墙的主体保存完好，只是外墙皮脱落了，也就是用楔形石砌的外墙壁倒塌了，2000年修复城墙时又把倒塌和滚到山下的楔形石捡回来重新砌上。这段墙长118米，底宽4~6米，顶宽3~4米，外侧高6米，内侧高2~4米。靠近门的这段墙底部是用长方形大石条叠压砌筑的，其中一块长2.6米，厚0.45米。大石条增加了地基的承重能力，使城墙不容易倒塌。

【女墙】

我们再看底下的这段墙，上面有一段小矮墙，矮墙叫女墙。女墙起什么作用呢？就是为了墙上的人打仗或行走方便，不会掉到墙外边去。原来的女墙要比现在的长，但是那些已经倒塌，只剩现在的这一小段了。女墙下面有几个柱洞，间距在2米左右，柱洞又是干什么用的呢？就是有战争的时候在柱洞里立上木柱，又在木柱上钉木板做成木板墙，木板墙上留有观望口，人在木板墙内从观望口向外射箭，里面的人能射到外边的人，而外边的人却射不到里面的人，这样既增加了城墙的高度，又利于人在墙内防守。

我们再看这两条路，底下的这条是将士们巡山的马道，上面的这条是通往山顶进入都城内部的路，高句丽人往山上运送粮草和饮用水都从这条路上山。

这段是整个东墙内壁保存最好的一段墙，高2米，地下还有1.6米。地下的那部分墙面不齐，是因为层层垒砌层层培土的原因，也就是砌一层墙培一层土，所以墙面不齐。

【南墙及南门】

这是山城的南门，它是城墙这端留口形成的门。下面是悬崖，高20米，这也是人工与自然结合的杰作，门宽2米，是山城里最小的一个门。这段墙全长138米，它是沿着山梁砌筑的。这段墙的砌筑方法与其他城墙的砌筑方法不一样，它不是沿着山坡整体砌筑的，而是采用水平的方法分段砌筑，有点像阶梯墙，这种砌筑方法有利于人在墙上活动或行走。墙的那端和悬崖相连，也是借助于天然屏障。当年的高句丽将士就站在南墙上防御着沟口和马道上来往的行人。

五女山新增景点：

【三峰】

◆ 飞来峰

飞来峰又叫"腾云峰"。每当清晨雨后，云雾翻涌的时候，衬托着它好像也要飞起来似的，十分壮观。飞来峰同样流传着一个神奇的传说：传说太上老君与赤脚大仙受玉帝指派，来评定人间的洞天福地。当他们评定完以后，又云游到了辽东，才发现这里也有不少奇峰胜地，后悔不该遗漏这片土地，但已定完，不好更改了。他们来到了龙山，也就是现在的五女山时，被这里的祥瑞之气吸引住了，从山巅俯瞰江河，竟然蕴藏着玄妙的太极图形。这样一处能体现道家学说的胜地被遗漏了，老君后悔不迭。他想还是为此山增加一点景观，让这个地方更神奇，将来待有慧眼的人发现这个地方。一摸身边只有半瓶瑶池之水和一枚棋子，他将瑶池之水注入山巅岩坑，化成了今天的"天池"，那枚棋子落在岩上就变成了这座"飞来峰"。赤脚大仙什么也没有带，遗憾地一跺脚，竟将后山震裂了一个大口子，像刀削斧劈一般，成为了今天的"一线天"，一会儿大家就能看到"一线天"景观了。

◆ 骆驼峰

大家顺我手指的方向看，北面的两个山峰看起来像不像一匹骆驼，它就是"骆驼峰"。关于"骆驼峰"有一个流传已久的民间故事：人们都说五女山上埋藏着很多宝物，藏宝的人就是高句丽第一代王朱蒙，传说了一代又一代，后来有个财主派人找遍了五女山，终于发现宝物就藏在"骆驼峰"下。但开宝库的钥匙却未找着，他推测应在山上某处，便命人到处寻找，终于在金龙舞爪松下挖出了一枚石制大钥匙。他命人抬着钥匙打开了宝库，大家拼命往里挤，抢起了宝物。这时天色忽然暗了下来，雷声隆隆，宝库门自动合上了，财主和他的家丁都被关在里头，那枚钥匙也与山崖长在一处，从此再也没有人进去过。这只是个传说，不过，现在的五女山不就是人类的文化瑰宝吗？

◆ 列宁峰

五女山还有一处奇特的自然景观——"列宁峰"。大家无法从山上欣赏，只有在山后的湖边观看，才能领略它的神奇之处。大自然的鬼斧神工，造就了北峰惟妙惟肖的列宁头像：额、眼、口鼻，十分形象，仿佛刚刚入睡的样子，正像一位诗人所写的那样："睡去仍耽天下势，谁肩道义护苍生？"

【三关】

◆ 月牙关

大家抬头看见的这个狭长石缝，就是"月牙关"了。月牙关是通往山上的通道之一，它的来历与五女有关：传说五女中的三妹秋葵力气特别大，性情急躁，她的兵器是一柄开山斧。一次她追一头野猪，来到这个地方，野猪被逼在崖下直喘粗气，她运足气一斧劈下去，野猪猛地一窜躲开了，她收手不及，一斧子砍在砬豁处，竟把岩石崩掉一大块，斧子也崩刃了。姐妹们赶来一看，这一斧竟然砍出月牙形的一个缺口，上面可通往山上，于是便叫它"月牙关"。

◆ 一夫关

"都说五女险难攀，最险不过一夫关"，我们现在看到的就是五女山上最难攀，也是最险要的地方——一夫关。为什么叫一夫关呢？因为当年高句丽迁都后，山上仍有驻军。这个地方只派了一个叫勃奇的人，勃奇是个大力士，他用大石多次击退来犯的敌人。后来大家都说："真是一夫当关，万夫莫开呀！"于是这个地方就被叫作"一夫关"了。

◆ 五女关（又称姊妹桥）

五女关两边山崖陡立，被一棵倒木连接，它是工匠师傅用水泥、钢筋仿制而成，是为了方便游人观景而建，这座造型独特的桥就是"姊妹桥"。相传这山下的村子里有户姓孟的人家，女儿名叫春莲，自小习武，样貌俊俏，心地善良。一日山中采药，被官府老爷的儿子佟牛撞见，起了歹心，便派人到孟家提亲。为人父母，哪个愿意把自己的女儿送入虎口？提亲没成，佟牛便带上官兵和家丁到孟家抢亲。孟家二老奋力抵抗，春莲借机逃出村子，一路向北。佟牛见春莲逃走，命人去追。当春莲跑到"大烟地"时（对面的山峰），佟牛紧追不舍，步步逼近。春莲站在山顶无处可逃，她性情刚烈，自知寡不敌众，便抽出腰间宝剑想要自尽。就在这时，有人大声喊道："慢着，我们可以一起想办法，千万别做傻事啊！"春莲寻声望去，只见五位女子英姿飒爽，带领一队人马已来到对面崖前。三妹举起大斧，砍断了一棵大树，正好横架于两崖之间，变成一座桥梁。春莲喜出望外，从桥上飞驰而过。佟牛见状，心有不甘，命手下人与五女激战，他们岂是五女对手？最终落败而归。当晚五女和春莲便来到这彩虹桥上，歃血为盟，结为姐妹，杀富济贫。从此当地百姓称这个隘口为"五女关"，这座桥为"姊妹桥"。

【三门】

◆　天昌门

"屏湖古都天设防，谁劈崖壁峙洪荒。当年但借匹夫勇，不教三军近隘旁。"这首诗描绘的就是"天昌门"险峻的环境。它为什么叫天昌门？又是谁起的名字呢？传说朱蒙来到卒本川，部落逐渐壮大，便想找一个有险可凭的地方建都。他们来到了五女山，当他们登到半山腰时，仿佛听到空中传来音乐声，前方崖壁上忽隐忽现好像有字。上前仔细一看，上面显现"天佑恒昌"四个大字，朱蒙非常高兴，他认为这是个好兆头，上天将保佑他的基业长久。于是，便称此处为天昌门，直到现在，还叫这个名字。

◆　南天门

"南天门"在什么地方呢？请大家顺我手指的方向看，南面山峰的豁口处，像不像山门？它就是南天门。相传朱蒙四十岁时，有一天晚上梦见天神告诉他："如果南天门开了，天帝将会派黄龙来迎接他到天宫去。"朱蒙知道自己快要离开人间了。不久，天空出现五色祥云，在一个雷雨交加的晚上，山崖出现两处豁口。朱蒙在东岗命人早已垒好一座上窄下宽的方形石坛，准备登坛乘龙升天。他见南天门已开，便登上了石坛，这时天上祥云朵朵，仙乐阵阵，一条黄龙转眼降落在坛上，驮着朱蒙缓缓升天。臣民们为了纪念朱蒙，在人死后便依照方坛的形式砌筑坟墓，这个地方就叫南天门。

◆ 迎客门

右下方这个由两块岩石组成的形若门状的景观就是"迎客门"了。你看它非常形象，不过此门这么偏僻，又不够宏伟，为什么叫迎客门呢？让我来告诉你吧：这个迎客门非常神奇，能分辨人的善恶。当年五女山屯兵此山，经常有人来探访、诉冤，他们多数是善良的百姓，但有的人心怀叵测，甚至是官府、恶霸的探子，有时光凭外表看不出好人或坏人。因此，这迎客门便成了五女的"照妖镜"，凡是过门无恙的，便是好人，如果是坏人，跨此门不是跌跤，便是浑身冰凉、直打哆嗦。这样好人坏人一试便知，因此也叫"善恶门"。当然，这只是个传说而已。不过由此可见五女疾恶如仇，也特别警惕，为老百姓做了大量的好事，要不五女的传说怎么一直流传到现在呢。

【三洞】

◆ 狐仙洞

这下面有个岩洞，名叫"狐仙洞"。传说这里曾住着一对心地善良的狐狸，凡是虔诚地祈求它们，只要所求正当，它们总是有求必应。相传有一位贫寒的书生，刻苦攻读，却屡试不中。于是他登上此山来到洞前，祈求狐仙佑护，后来进京赶考，果然高中。还乡省亲时，他备办祭品重登此山，将写有"狐三太爷""狐三太奶"的牌位供在洞前。这对狐狸因受状元钦封，加上积德行善，终成正果。至今狐仙尊前香火旺盛，善男信女来此求助狐仙者络绎不绝。

◆ 长寿洞

在"狐仙洞"不远处，还有一个"长寿洞"，洞口很不明显，它的来历和一个叫寿道人的道士有关。古时候，山下有户人家，所生的男孩眉毛很长，父亲便给他取名阿寿。这个阿寿和别的孩子不太一样，喜欢与山上的道士玩，道士们也很喜欢他。一天，他帮道士打扫狐仙洞，发现洞边悬崖上长着一棵不知名的小树，上面结着三个红彤彤的果子。他费了很大劲儿，终于摘到一枚果子，闻起来异香扑鼻，咬一口甘甜可口。他又去摘第二枚果子，不小心失足掉下悬崖。等道士发现他时，他被挂在树上居然没有死。从此，他就出家做了道士。自从吃了那枚果子，他身轻如燕，精力旺盛，住持羽化以后，大家推举他做了住持。到了寿道人百岁生日时，他对大家说："今天我就要修成正果了，幼年我有缘吃了仙果，勤修至今，今天仙树下的洞门就要开了，我走了以后，你们要勤修妙语，守护好这洞天福地。"当日雾气弥漫，狐仙洞边祥云隐现，山崖豁口缓缓裂开，寿道人走了进去，洞门自动合拢，只留下依稀的痕迹。道士们惊讶不已，于是称这个洞为"长寿洞"。

◆ 观音洞

"观音洞"的得名，并非有观音显圣，而是旱年洞壁上有个柱状的岩石，岩缝滴下的水滴正好注入"瓶中"，很像观音的"圣水瓶"，人们相信那就是观音的圣水，能治百病。当年，五女经常采集药材，制成丸散，分给山下贫苦的百姓，制药时就取此水作药引子。现在，圣水瓶早已荡然无存了，人们到此瞻仰，只是感念五女的功德和追溯美丽的传说。

【三松】

◆ 好汉松

这是五女山上最具特色的古松了，人们之所以称它"好汉松"，正是仰慕它那不畏风霜、临危不惧的气概。它再现了五女山历尽沧桑、大气磅礴的一面，虽然谁取的名已无从查考了，但是它的雄姿却为五女山增添了几分阳刚之美。

◆　结义松

大家看这一排古松，仿佛是一排手臂相挽的壮士。传说它们是十位结义兄弟所栽，所以叫"结义松"。传说是这样的，说有一伙船工，长年生活在江上，受五女传说的影响，也为团结一心，便效仿五女结义，拜了干哥们。不料中间发生误会，兄弟反目。大哥晚上做了一个梦，梦见五女对他说："既然你们结义，就要互相友爱、同甘共苦，不能轻易背盟，让人耻笑!"大哥把大伙召集到一起，讲了这个梦，兄弟们很受感动，握手言和。大哥提议在山上栽十棵松树以作纪念，他们在山崖边栽了十棵小松树。历经风雨，已长成现在这个样子，迎风傲雪，并肩而立，形象地体现了兄弟义气，也为我们留下了感人的传说。

◆　五女松

这五棵并不古老粗壮的小松树，就是"五女松"了。它们并非五女所植，而是后人为了纪念她们而特意命名的：一是她们恰巧五棵，二是山崖下就是五女坟，看来一心为百姓造福的人，老百姓也不会忘却她们。

【五女山三绝】

◆　一线天

下面就是五女山三绝之一的"一线天"了，国家教育部副部长、联合国教科组织第28届年会主席章新胜游览此景时说："五女山顶上的'一线天'景观，是世界上最美好的、真正名副其实的'一线天'景观!"前面咱们讲过了，这里就是赤脚大仙一脚震开的奇景，你看千仞绝壁对峙，惊险壮观，最狭处仅0.65米，从崖底仰望，只见一线蓝天，有诗人咏道："艰险畏如蜀道难，千阶穿墼入云端，扪藤人在清虚境，忽闻头上有客喧。"

◆　桓龙湖

我们脚下这个比睡美人还要美丽的人工湖，我们称它"桓龙湖"。它是辽宁省最大的水库和最大的淡水鱼养殖基地。它横跨两省三县，总库容量 34.6 亿立方米，水域面积 14.8 万亩，沿岸线长81 公里，最深处 60 余米。站在瞭望台俯瞰桓龙湖，像一条巨龙蜿蜒脚下，水中岛屿起伏，湖岸曲折。它拥有"万乐岛""杜鹃岛""马面石""七音谷"等众多景点，并能观赏到"列宁峰"。中国国际古迹遗址理事会主席章新胜说这里是"世界罕见的人间仙境"。它与五女山密不可分，山与水的结合，构成桓仁这幅画卷上最靓丽的部分。当年五女曾在江中沐浴，因此人们又亲切地称它为"天女湖"，因为五女同山上的天女木兰一样圣洁、美丽。

◆　守门将军

"披甲守天门，凛然不可侵"，这位就是"守门将军"了。你看他历经千年，依然警惕地注视着山下，保卫着五女山。关于他也流传着一个感人的传说：据说他是高句丽第一代王朱蒙三位近臣之一乌伊的后代，名叫弗利。第二代王琉璃明王迁都后，他执意留下来保卫古都，辅佐王子解明。不料解明自恃其勇，扯断黄龙国王献给他的强弓，失礼于他国。琉璃明王令其自杀，解明遂在砺津东原自杀了。弗利非常难过，但并没有动摇他保卫古都的决心。他常常站在山前眺望城内，思念远方的亲人，年复一年日复一日，竟化成了一尊石像，人们亲切地称他为"守门将军"。

五女山不仅有秀美的自然风光，神话般的传说，更有丰富的历史文化内涵。

大家一边走，我一边讲高句丽这个边疆民族政权从建立、发展、壮大到衰落及与汉民族融合的历史过程。

公元前 108 年，汉武帝灭卫氏朝鲜，以其地设四郡：真番、乐浪、临屯、玄菟郡。郡，相当现在的省，玄菟郡在东北，其他三个郡都在朝鲜半岛。玄菟郡管辖三个县：高句丽、上殷台、西盖马，经考古确认，高句丽县的辖区包括今天辽宁省的新宾县、桓仁县和吉林省的集安市等。今日的桓仁县是古时候高句丽人长期居住的中心地区，汉武帝以高丽为县名，主要是因为当地居民多为高句丽民族。

西汉末年，统治阶级的内部争斗愈演愈烈。汉元帝建昭二年（公元前37年），朱蒙为了躲避夫余人的加害，率领亲信和部众来到卒本川，也是现在桓仁境内的浑江流域，联合当地部落建立了高句丽政权，公元前34年，在五女山上，建立了王都纥升骨城。

朱蒙先后灭掉沸流国、荇人国、北沃沮，疆土渐大，国力渐强。公元前19年，朱蒙去世，类利继位，公元3年，迁都集安。公元26年，第三位王大武神王亲征盖马国，公元37年灭乐浪，公元404年好太王占据辽东。公元427年，第二十位王迁都平壤，形成了朝鲜半岛上高句丽、新罗、百济三足鼎立的局面。

高句丽在汉朝、三国、两晋、南北朝和隋唐各个时期都是受中原王朝册封。到了公元5世纪，高句丽的疆域和活动区域空前扩大。隋唐时期，高句丽觉得势力强大，国力增强，可以和中原王朝对抗，不服从中原王朝管理。隋唐王朝不允许其从中国的版图中分离出去。于是，隋朝征高句丽4次，唐朝6次出征高句丽。公元668年，唐朝大将薛仁贵，联合朝鲜半岛新罗国里外夹击把高句丽政权灭亡了。高句丽政权灭亡后，其统治下的各民族被唐朝迁徙到各地，高句丽族随即解体，分别投入到其他民族中。高句丽晚期有70万人口，被李唐王朝迁到内地的大约30万人，10万人迁至靺鞨，20万人战死，10万人投奔新罗。高句丽灭亡后，唐朝将其故地分为9个都督府，42个州，100个县，在平壤设安东都护府，以薛仁贵为都护。公元670年，薛仁贵被西调平定吐蕃叛乱，安东都护府的威慑力大减，几年后，高句丽的故地不完全由设在平壤的安东都护府管辖，一部分被渤海国占据，一部分划归新罗国。

新罗人王建于公元918年建王氏高丽，后取代新罗，灭后百济，统一了朝鲜半岛中南部大部分地区。1392年，李成桂废王氏高丽；1393年，朱元璋封李成桂为朝鲜王，也就是我国明清时期的朝鲜国。

我国东北地区现在居住的朝鲜人有的是因为在清末时期朝鲜半

岛发生了几次战争，有的是因为几次大水闹灾荒因而从朝鲜半岛逃难过来的，后来被清朝接受入籍，成为近代东北边疆的少数民族。

这里需要说明的几点是：

（1）高句丽民族起源于秽貊，这个少数民族在周朝以前就生活在我国的东北地区，他和居住在东北最北部的满族人的祖先肃慎族都归中原王朝管辖。

（2）学术界大多数认为，高句丽的王族来自夫余。

（3）高句丽政权建立在汉玄菟郡高句丽县范围内，是我国东北历史上的边疆属国政权，曾经向唐王朝献疆域图，表明自己承认是中国版图的一部分。中原王朝从汉代到唐代也都把高句丽当作边疆属国政权。

（4）高句丽在中原王朝汉朝、三国、两晋、南北朝和隋唐各个时期都接受册封，是中原王朝的属国政权。

（5）高句丽灭亡后居民多数融合到汉族当中。

附：

隋唐以前，高句丽经历了三次大的战役，三次战役都让高句丽受到了重创，这是中原与边疆封建统治者之间的战争。

隋朝时期征高句丽四次，这是隋朝在结束中国长达360多年（220～581年）割据，统一中国边疆地区的战争，其中隋炀帝亲自带兵征讨三次。

公元581年，隋文帝统一中原建立隋朝，隋文帝十八年（公元598年），占据东北边疆的高句丽侵犯边境，隋文帝派兵30万人分水路和陆路出征高句丽。由于正赶上辽东地区下大雨，粮草供应不上，士兵没有粮食吃，军队里又得瘟疫病。水路由东莱出海到平壤城，在海上遭遇风暴袭击，多数船只都沉入了海底。30万人的军队几乎全军覆没，隋朝只好退兵。高句丽二十六代王高元很害怕，派使臣纳贡，上表说自己是辽东粪土臣元，表示愿意恢复属国关系，于是隋文帝罢兵，又跟高句丽和好如初。

公元607年，隋炀帝巡视突厥时，就命令高句丽使者回去告诉高元入朝，高元不仅没听命，反而不向隋朝称臣纳贡。隋炀帝在612年下决心统一被高句丽占据的东北边疆，派兵113万分水、陆两路进攻高句丽，陆军刚一到辽河一线，便遇到了高句丽军队的顽强抵抗，隋军制造的浮桥短了一丈，士兵不能登岸，死伤无数。水军没等陆军到达就开始攻打平壤城，结果大败，只好撤退。陆军在围攻辽东城的同时，又派出一支30万人的军队进攻平壤城，出征前每个人发了100天的粮食，由于运力不足，将士们把粮食都扔在了路上，结果中途粮草就断了。高句丽兵又诱敌深入，打一仗撤退一次，最后将隋军引到离平壤城30公里的地方，然后假装投降，说只要隋军撤退，高元就会亲自入隋贡，结果隋军撤到萨水（今清川江）时，高句丽军队从四面杀过来，隋军大败。等到撤回辽东时，30万军队就剩下2700人，这就是历史上著名的萨水之战。萨水之战后，隋军无心再战，只好收兵回朝。以后隋炀帝又两次亲征高句丽，一次是隋朝内部发生政变，隋炀帝知道后连夜召集将领班师回国。一次是隋军刚到高句丽境内，高元便遣使投降，这次征高句丽隋炀帝只不过是为了争回点面子，所以又收兵回国了，隋统一高句丽的战争以失利告终。

公元618年唐朝建立。唐初高句丽和唐王朝的关系相当和睦，高句丽仍以边疆属国身份向唐朝连年进贡。公元641年，高句丽发生了盖苏文政变，盖苏文杀害了高句丽王建武，立傀儡高臧为王，盖苏文把大权揽在手里，联合朝鲜半岛的百济进攻新罗国（新罗也是朝鲜半岛上的国家），西面又和唐王朝对抗，唐朝两次下令高句丽停止进攻新罗，都遭到高句丽的拒绝。公元645年，唐决定出兵统一东北边疆，唐太宗亲自率领14万军队，分三路征讨高句丽，水路由宰相张亮率领4万人，陆路由李绩率领6万人开向辽东，唐太宗则亲自领4万禁卫军压后。

李绩统领的陆军顺利地通过辽水防线，攻取了辽东重镇盖牟城，又与唐太宗的后续部队联合攻破了辽东城，然后又攻下了白岩城。水路也连连获胜，攻下了两座城池。唐太宗又率领大军来到辽东地区另一个军事重镇安市城，唐军还没来得及攻城，高句丽就派15万人的增援部队赶来。唐太宗派1000人把高句丽援军引到城下，当天夜里便布下了伏兵。第二天早上，高句丽兵就冲向了唐军的阵地，结果正好中了唐兵的埋伏，唐兵里有一个人身穿白衣白甲，手持长戟，所向披靡，他就是唐朝大将薛仁贵，在他的带动下，唐兵各个奋勇杀敌，高句丽15万大军很快就溃不成军。这就是著名的"驻跸大捷"，这一战使高句丽举国震惊。

驻跸之战后，唐太宗开始领兵进攻安市城，由于安市城特别坚固，又早有准备，守城将士非常勇猛，所以一连攻打了两个多月没有拿下。这时的天气已寒冷，唐太宗担心寒冷的天气会给军队带来不必要的伤亡，就下令撤军。撤军时，唐太宗传令唐军整顿军容，在安市城阅兵一周，城内士兵不敢出城追击，守城将领还登上城楼与唐太宗辞行。唐太宗特地赐守城将领一百匹绢，以示友好。

以后唐太宗两次派兵攻打高句丽，又派遣小股部队不断骚扰高句丽，几年之间，又赶上发大水地震和瘟疫，高句丽人已经苦不堪言。盖苏文死后，他的三个儿子泉男生、泉男建、泉男产争夺权力，导致高句丽内部出现了矛盾。

到唐高宗时期又三次出兵攻打高句丽，唐朝大将薛仁贵英勇奋战，所向披靡，多次大败高句丽军队。公元668年2月，薛仁贵带领精兵2000人攻破高句丽北部重镇夫余城后，其他高句丽城的守城将士，纷纷主动向唐军投降，薛仁贵攻夺夫余城附近40多座城，名声大振。

公元668年9月，辽东各路大军会合到鸭绿江，李绩率军大败高句丽兵，然后领兵渡江追击200多里，攻破许多城镇，高句丽将领和士兵纷纷投降，各路唐军逼近平壤城，形成包围之势。一个多月以后，高句丽王宝藏派泉男产率大小官员98人，手持白旗到李绩大营投降。泉男建仍紧闭城门死守，几次派兵出战，都以失败告终。泉男建知道大势已去，便将军权交给叫信诚的僧人，信诚却与小将乌沙、饶苗等秘密派人去唐军营请为内应。五日后，信诚开门迎接唐军，李绩率兵登上城墙，敲鼓烧城，泉男建用刀自杀未死，与宝藏王等被擒，李绩还师。

唐王朝统一东北边疆后，将领地分为9个都督府42个州100个县。在平壤设立安东都护府，由薛仁贵领兵两万镇守。宝藏王被唐高宗封为工部尚书，又被委任为辽东州都督返回辽东，安抚高句丽遗民。宝藏王到辽东以后，暗中勾结靺鞨人阴谋叛乱，唐王朝发觉后，立即召回宝藏王，把他流放到邛州，后来宝藏王死在了邛州，并把跟随宝藏王谋叛的高句丽人分散迁徙到河南、陇右等地，其他高句丽遗民都分散到新罗、靺鞨以及突厥民族当中。

望天洞景区

各位游客：

大家好！欢迎您到望天洞风景区观光旅游，我是望天洞景区的导游员，很高兴能陪同大家共同游览，在此，我祝愿各位身体健康，旅游愉快。

首先，在进洞之前，请大家注意以下几点：

第一，请大家注意安全，按指定路线游览，不要往黑暗的地方去。

第二，请大家爱护我们洞内宝贵的资源和设施，不要刻划、攀爬、打砸钟乳石景。

第三，请大家文明游览，不要大声喧哗，我们洞内严禁吸烟。

好了，感谢大家的合作，如果准备好了，现在就请大家随我一起感受这大自然馈赠给人类的无穷乐趣吧！

现在我给大家提两个问题：第一个问题是我们现在看到的这条通道是天然形成的还是人工开凿的？答案是：这是一条人工开凿的通道。我马上就要问第二个问题了，为什么要开凿这条通道呢？让我来告诉大家吧！这是因为望天洞一直没有发现有出口，这条通道主要是为了照顾游客、方便游客不用走反路而开凿的，人工开凿通道长 200 米。

望天洞坐落在桓仁县雅河乡湾川村，藏身于祥凤山腹，是一大型岩溶洞穴，也称为喀斯特溶洞。"喀斯特"一词来源于原南斯拉夫的喀斯特高原，因为那里地貌景观奇特，在石灰岩层中形成溶洞而引起各国科学家的广泛关注，此后凡是此类现象都称为"喀斯特现象"，研究这一现象的科学就相应地称为"喀斯特学及洞穴学"。

前面，我们马上就要进入天然形成的原始洞穴了。据中科院的科研人员考证：望天洞发育于20万年以前，是一竖井状洞穴。现已勘查到主洞青龙洞长4160米，加上支洞总长共计7000余米，就其洞穴长度而言，堪称我国北方第一洞。洞内最大的厅面积6000多平方米，可同时容纳万人。有水潭30多处，最深处达8米，洞内暗河7条，最长400米，蜿蜒曲折，终年流淌。洞内钟乳丛生，洁白如玉，可谓规模宏大、琳琅满目。

另外，望天洞还有几个奇绝之处，其中洞内微型边石坝全国第一；石旗景观天下罕见；洞内迷宫举世无双，在我们今天的游程中，大家都可以看到或亲身体会到。

上了台阶，前面我们就进入了天然形成的溶洞。有的地方比较低，请大家注意头上，小心碰头。现在我们看到的都是石灰岩，只要有水，它就会缓慢地发育成钟乳石景观。再往前走，请大家看一下我们的右上方，灯光打照的这一处就是钟乳石景观。目前还属于钟乳石的初始形态，上面分布着鹅管，属滴石类，在国外称麦秆状钟乳石，它的直径与水滴一样大小。钟乳石的生长速度有快有慢，大约是每100年长1厘米，非常珍贵（本溪水洞的钟乳石经过测量，推测100年只能长0.67厘米，还不到1厘米呢）所以说请大家爱护我们洞内宝贵的资源，它可以说是人类共同的财富（前行路滑，提示注意安全）。

走过通道，前面我们到达的第一处景观是"圣宫奇图"。请大家看下面，灯光打照的地方洞穴术语为"边石坝"，它的纹路奇特，清晰却又神秘莫测，好像是一幅奇异的地图；又好像一幅隐藏着无尽玄机的天书，等待着有朝一日的破解，国外同仁称它为"微型长城"，可以说是望天洞独树一帜的景观。我们眼前的边石坝是国内第一的，和其他地区的类似现象比起来，望天洞的边石坝具有小、多、奇的特点。再往前走，这段路比较滑，走的时候请大家最好手扶着栏杆。

现在，请大家看一下左边的这块巨大的岩石，像一只乌龟一样，我们称之为"巨龟迎客"，它的龟头和龟背特别明显。龟和鹤在我国古代是长寿的象征，这只神龟正在祝愿各位游客健康长寿呢！

看完这只神龟，请大家看一下右侧，灯光打照的洞穴，就是我们洞中尚未开发的，这里边也是主洞延伸的方向。在4160米深处，有一座面积6000多平方米的大厅，可同时容纳万人。下了梯子后，前面这条通道特别低，走的时候请大家注意安全，小心碰头。

现在我们就置身在"时空隧道"中，彩色灯光打照的时空隧道神秘、幽深，使人联想到时间的宝贵，生命的短暂。不是有句诗说得好吗："莫等闲，白了少年头，空悲切！"它时刻提醒我们珍惜时间，热爱生命，把握机遇，勇敢地面对未来和每一次挑战。

在介绍钟乳石景观之前呢，我先给大家简单地介绍一下望天洞的成因：由于溶洞的前身是石灰岩，我们就从石灰岩谈起。在漫长的地质历史中，曾经发生过五次剧烈的地质构造运动，使地壳产生上升、下降、褶曲、错断等变动，这样石灰岩便产生了大大小小的裂缝。这些裂缝为溶洞的形成提供了先决条件。此后，水便沿裂缝乘虚而入，水中含有的二氧化碳不断溶解石灰岩中的碳酸钙成分，使裂隙逐渐扩大，加大了水的流量，也加快了水的流速，更加强了水的侵蚀和溶解作用，久而久之，随着浅水面的不断下降，就形成了今天的望天洞。

再往前走，上了梯子后，我们就可以看到钟乳石景观了。请大家看一下左前方，灯光打照的这处就是钟乳石景观，跟我国北方冬季所看到的冰的形状非常相似，只要有水的地方，钟乳就能继续生长，它现在仍在缓慢地生长。现在可以看一下左上方的这处景观"珠峰雪莲"，谁说高处不胜寒，大家看到珠峰雪莲不正微笑着屹于崖前，笑迎春天的到来吗？它同时也在欢迎各位游客的到来。（注

意脚下台阶)

前面我们到达的景点是"玉莲倒悬"。请大家看，上面灯光打照的地方就是倒挂的莲花，下面这一个就是含苞待放的花蕾，当然了，像旁边这些小的也是。像这种钟乳石形成各式各样花朵状的，我们洞穴术语称为"石花"。眼前精致华美的玉莲不禁使人想起唐代诗仙李白的诗句"清水出芙蓉，天然去雕饰"，说它是大自然的瑰宝，当之无愧。

现在请大家看一下左上方的这处景观——"如来佛掌"，是天然形成的，非常的形象。人们都说孙悟空再神通广大，也一样逃不出如来佛的手掌心。可孙悟空到底能不能逃出如来佛的手掌心？只要大家在我们前面的游程中仔细地去寻找、去观察，您就一定会发现其中的奥妙。

这里是"别有洞天天外天"，大家看上面的钟乳石十分的离奇、壮观，好像是另外的一个世界，正如陶渊明笔下的世外桃源，只可惜我们无法亲自到上面去体验。

继续前行，我们就看到了"锦帐藏芙蓉"。大家可以看一下灯光打照的这处景观，钟乳石形成的小石柱从上面垂落下来，好像帐幔一样，里面红色灯光衬托的部分就是芙蓉花，芙蓉花是幸福、美满的象征。这里也被称为"垂帘听政"，里面端坐的是慈禧老佛爷，大家看，灯光打照的这部分和满族的服饰是不是特别相像？

左上方这处景观是"擎天玉柱"，非常的形象，像这种柱子一般多见于我国古代建筑，现在的建筑已经不采用这种形式了。

走到这里我们看到了洞中最薄的钟乳石——"石旗"，薄而透明，凌空而悬，好像一面旗帜一样，仿佛只要有那么一点点微风便可以迎风飘扬了，这在国内也是十分罕见的。各位可以随我到前面去，真正领略到它到底有多薄了。

看过"石旗"，大家可以看一下左边这处比较奇特的景观——"蟠桃"。据说它本是王母娘娘蟠桃园里最大最好的一颗，自从齐天大圣孙悟空大闹蟠桃会，偷吃了王母娘娘的蟠桃，生怕以后再也吃不到如此美味的仙桃，就在蟠桃园里面选了一颗最大最好的偷了下来，藏到了望天洞里面。它又对这颗蟠桃非常地不放心，于是派了一个心腹，一只花果山的猴子来在旁边日夜看护着它，经过几万年的演化，这只猴子就化成了一尊石像，请大家看一下灯光打照的这处石笋，就是当年的那只小猴子。

现在请大家看右侧脚下的这个水池是"九龙池"。里面居住着"九条龙"，灯光打照的地方弯弯曲曲的，好像龙一样，其实它是由池水沉积物石珍珠发育而成的（像一个个珠子一样的池水沉积物称为石珍珠，还有像一串串葡萄的就称其为石葡萄）。

右侧的这处景观就是"观音"，观音神态安详，头上的发髻和手中的净瓶都十分清晰，侧立在旁的是"善财童子——红孩儿"。

大家都知道，海市蜃楼本是虚无缥缈的，这种景象一般都是由很远的地方折射过来的倒影，或者是现实中根本就没有的景象，纯属是大自然与人类开的一个小小的玩笑。而在我们洞中的"海市蜃楼"却真真切切地呈现在世人面前，大家看它是多么的神秘，气势磅礴。

前面我们就到达了"望儿山"。大家请看上面这处小石柱就是"母亲"。"慈母呆立望儿山，盼儿早日把家还。"关于望儿山还有一段动人的传说（传说略）。这个故事时刻提醒后人疼爱父母，孝敬双慈。营口的熊岳也有一座望儿山，为弘扬中华民族的传统美德，营口市政府将每年的五月中旬定为望儿山母亲节。母亲节倡导：爱我母亲，爱我家乡，爱我祖国。

现在我们途经的是"天桥栈道"。它的垂直深度是 18 米，下面有人工放置的"篝火"，虽然是有惊无险，走的时候也请大家注意安全，不要拥挤。走到桥的中心，大家可看一下右上方这处比较奇特的景观"神龙宝塔"。大家可以看到"龙头""塔身"形象逼真，好像是人工雕刻的一样，其实都是天然形成的。说到这座塔也有一段非常有趣的传说：孙悟空出世以后，一直没找到合适的兵器，于是他就潜入了东海龙宫，抢走了东海的定海神针，这件事激怒了天上的玉皇大帝。这是自然了，哪朝哪代都有法律嘛！玉皇大帝派遣托塔李天王率十万天兵天将到花果山捉拿孙悟空。事情虽然过去很久了，可孙悟空却一直耿耿于怀，他就趁托塔李天王不备，将他的塔用一个假冒伪劣产品调了包，把真正的宝塔藏到了这里。

走到这里，大家可以看到我手摸的这块岩石非常光滑，我们称之为"蛇守天门"，一只眼镜蛇盘踞在这里，它的眼睛和嘴巴都非常清晰，不过神态可是十分安详的，绝对不会咬人的，各位可以过来用手摸一摸蛇头，保您年年行好运。

凡是见过瀑布的人，无不为那壮丽的景观所倾倒。在我国，有夜雨撒金街的贵州黄果树瀑布、镜泊湖吊水楼瀑布，海拔最高的吉林天池瀑布。而现在呈现在我们面前的是洞中典型的石瀑布，此情此景，不禁使人想起"飞流直下三千尺，疑是银河落九天"的绝妙佳句。

前面这条通道比较狭窄，走的时候请大家注意安全，最好侧着身子过。过来之后大家可以看一下左上方这两座并排而立的塔，我们称为"姑嫂塔"，它是根据福建的姑嫂塔而得名的，"姑嫂塔"可以说是亲情和爱情的象征。

大家都知道许仙和白娘子的传说。现在大家不妨看一下前方的这处景观——"水漫金山"，大水从上面一层一层地冲下来，蔚为壮观，再往前走一点，可以看一下上面这处钟乳石就是"法海"，法海作恶多端，如今正在那儿面壁思过呢！

再往前走，大家可以看一下白娘子现在干什么。上方的这座塔就是洞中最壮观的一座宝塔——"雷峰塔"，据说白娘子现在就被镇压这座塔下。

继续前行，我们来到了一处比较宽敞的地方，请大家看一下左上方的这处景观——"虾兵列阵"，灯光打照的地方就是一排排的虾，排列得整齐有序，大家还可以发挥你们丰富的想象力，看一下这处景观整体像什么？我可以提示一下，像一种动物，有的游客已经猜对了，它像一头牦牛。

再往前走我们就可以到达孙悟空的故乡"花果山"了，大家可能都知道石猴出世的故事吧！在很久以前，有一天，地上数道金光直射天空，这金光惊动了天上的玉皇大帝，玉皇大帝驾座凌霄宝殿，召集各路神仙，同时命千里眼、顺风耳打开南天门察看，二将回来报道："金光之处乃东胜神洲海东傲来小国之界"，也就是说这座花果山。山上有一仙石，石产一卵，见风化一石猴，在那里拜四方，眼运金光。玉皇大帝想后说道："不就是石头生了一个石猴吗？怎么会眼运金光呢？众仙看看怎么办才好？"其中一仙说道："这石猴吃了人间的饮食后，金光也就自动消失了"，可谁也没想到孙悟空生来就不是一个安分的主儿，以致引来后面的大闹天宫和西天取经。

这里就是"花果山"，上面灯光打照的地方就是两只小石猴正在向上攀爬、嬉戏，而且一只猴子的尾巴特别长。那么大家可能要问了，孙悟空现在哪儿去了？他怎么不在家呢？让我来告诉大家，孙悟空现在已经陪着唐僧去西天取经了，不过看这时间估计也快要回来了。

再前行几步，左上方的这处景观"众僧诵经"，石笋好像一个个僧侣面向山壁念诵佛经，那么他们又在念诵什么经文呢？他们正在诵经保佑孙悟空西天取经一路平安，同时也在祝愿今天在场的各位游客万事如意。

各位，现在请大家看右侧"托塔天王"。前面我们已经提到了，孙悟空把李天王的宝塔给调了包，李天王怕被玉帝和各路神仙知道以后会颜面扫地，就想找孙悟空要回他的宝塔。可又嫌西天取经的路程太遥远，于是他就想了一个以逸待劳的好办法，在花果山附近藏了起来，在这里等孙悟空回来之后好要回他的宝塔。

我们上方这处非常美丽的钟乳石景观"玲珑玉雕"，好像是用美玉雕刻出来的一样晶莹剔透。此情此景，难免有人会发问，它是天然形成的吗？我可以非常肯定地回答您："它的确是天然形成的。"

再往前走可以看到下面还有一个清澈的水潭，我们称为"龟潭"，潭里面有一只天然形成的"石龟"，潭水清冽可口，它也是我们已开发洞中唯一一处可以饮用的水源，喝一口龟潭里的水，相信会保佑各位延年益寿。

　　我们脚下的这个水潭是青龙潭，水深为 8 米，是我们洞中最深的水潭，大家可以看到潭水非常地清澈，一眼便可尽收潭底的景物。

　　继续前行，大家可以看到左上方的这处景观"蓬莱仙岛"。蓬莱仙岛是八仙居住的地方，大家可以看到上面的八仙神态各异，栩栩如生，这里还有另外一个名字——"八仙过海"，由此可以看出大自然这个神奇的造物主对望天洞是格外地厚爱，将这许多美景都融入了望天洞里面。

　　现在我们来到了一处较为宽敞的地方，大家可以稍微休息一下（等一下后面的游客，集中之后再走）。在这里我们听到了流水淙淙的声音，寻声望去，我们就看到了前面那处气势雄伟的钟乳石景观"莲花峰"。好像一朵含苞待放的莲花一样。上面的钟乳石和下面的钟乳石，它们之间的距离虽然相差不太远，但它必须经过几千年甚至上万年的时间才能连接上。

　　这里我们就到达了"迷魂阵"，里面有很多的小洞，都是相通的，形如蛛网，共 3 个入口，大家只要沿着灯光前走就可以了，我们可以到前面会合。好了，我们可以去亲身体验一下，现在开始行动！

　　从"迷魂阵"出来之后，前面我们就到达"迷宫"了。迷宫是望天洞一绝，全长 1100 米，分上、中、下三层，目前只开发了中层，长 110 米，里面迂回曲折，怪石侧列，门户相连，洞孔相接，可谓洞中有洞，洞洞相连，洞洞相通，门中有门，门接门，门门可行，它的形成在地质史上至今仍是一个谜。迷宫也是捉迷藏的极佳去处。如果您不知晓迷宫的路线，或许会进入迷途难返的境地，游后会让您增添无尽的乐趣和回味，大家可以去尽情体验一下。

这里是"四十阶梯",台阶比较陡,走的时候请大家注意安全,最好手扶着右侧的栏杆。

上了台阶前面是"清风送爽九曲弯",这条通道特别滑,走的时候请大家一定要注意脚下,不过也要提醒大家,也不要忘了头上,一定要两者兼顾,注意安全,走在这里面,大家尽情体验电影《地道战》中的感觉。

走过曲曲弯弯的通道,前面我们到达"圣水珠帘",大家还可以看到下面有水滴石穿的痕迹,如果有水滴到我们身上,大家不用刻意地去躲它,这水被称为"吉祥雨",滴到身上是福,会有喜事降临。

再往前行,拾阶而上,请大家看一下右侧的这处景观"金龙赤壁",金龙赤壁五丈三,万片龙鳞刻其间,现在请大家看一下我手摸的地方就是一片一片的龙鳞,各位可以过来用手摸一摸龙鳞,有这么一句话:"手摸龙鳞走,好运天天有。"然后大家可以看到上面灯光打照的地方,就是一条"神龙",神龙不见首尾,好像被夹在两块岩石之间一样。

现在我们看到的这两条龙是人工雕刻的,龙是中华民族的象征,代表着吉祥如意。

走到这里,大家的游览活动到此就要结束了,再往上走,左边是"摩天洞",里面有一尊我们请来的观音,如果有兴趣可以上去拜一拜,沿右侧走经过天梯之后就到达了望天洞的最后一个大厅——"聚仙厅",可以看到上面有两个洞口朝天,"望天洞"就是因其而得名。当初探洞的时候就是从那里下来的,最初游客是从那里出入的,但后来上面的岩石风化得比较厉害,随时有掉落的危险,所以已经不走了。每逢阳光明媚,红日当空的上午 10～11 点,厅内两条光柱由洞口斜射而下,使人产生一种怀抱红日、目接青天之感。若逢春冬季节或雨雪过后,厅内云雾缭绕,由洞口向上升腾,犹如仙境一般,白云绿树,交相辉映,真是人间天上,妙不可言，因而取名"聚仙厅"。出了洞口前行 50 米，可以看到滑索，有这么一句话："不到长城非好汉，不坐滑索真遗憾"，一会儿大家可以尽情体验那种有惊无险的感觉。

欢迎各位的再次光临，最后祝愿各位游客望天洞之行愉快，再见！

桓龙湖景区

各位游客:

　　大家好! 今天, 我们将游览桓龙湖。请大家从此上船, 登船时请注意安全, 不要拥挤。大家看, 眼前这方碧水便是桓龙湖的一个江湾。

　　桓龙湖水域面积 14.8 万亩, 总容量为 34.6 亿立方米, 最深的地方有 60 余米, 平均水深 15 米, 年产鱼 2000 多吨, 主要有鲤鱼、鲢鱼、鲶鱼、鳙鱼、池沼公鱼等 30 多种, 是辽宁省最大的人工湖和淡水鱼养殖基地。桓龙湖沿岸长 81 公里, 森林面积 6.6 万亩, 木材蓄积量为 31 万立方米, 整个湖区为国家级库区森林公园。

　　为什么叫桓龙湖呢? 因为从高空俯视或地图上看, 整个水系的分布形状像一条腾飞的巨龙, 又在桓仁, 因此得名为 "桓龙湖"。

　　桓龙湖有着迷人的金色江岸。大家看, 湖边没有生长树木的裸露地带呈金黄色, 那是湖的最高水位线。在一般情况下, 水都不能到达最高水位。所以, 这条裸露出的沙石像一条金色的飘带, 缠绕在桓龙湖岸边。1995 年, 桓仁暴发百年不遇的特大洪水, 当时的水位到达了最高警戒线, 桓仁发电厂大坝开放 9 个高孔闸门泄洪。湖内的大量鱼类顺流而下, 一时间整个桓仁城乡成为鱼的世界。那年夏季, 桓仁的大粒盐脱销, 因为大粒盐都用来腌鱼了, 当时鱼价最低时达到 5 角一市斤。有史以来, 桓龙湖打捞上的最大的鱼为 200 多斤重。2001 年放闸时, 打捞出一条重 60 多斤的青鱼和一条重 52 斤的鲤鱼。

现在大家看，我们已经驶出了那个江湾，整个桓龙湖已经呈现于我们的眼前。桓龙湖风光的色彩变化非常明显，大体可以分为深绿、淡绿、蔚蓝三个层次，即深绿的是水，淡绿的是树，蔚蓝的是天。每逢江面大风，湖水会泛出开花浪。大浪一层接一层地推动，岸边便会形成巨浪撞石、浪高米余的景象；若逢秋季，天空排满洁白的云朵，桓龙湖风光将更加显得壮观。细心的游客可以仔细观察一下湖水，其清澈度可谓极佳。天暖时，水清澈得足以让人看见深 2 米以下的水中游鱼。眼前的这方碧水中，隐藏着一个巨大的生命的王国。在我们用肉眼看不见的水下，其实是一个充满着竞争的世界。俗话说，大鱼吃小鱼，小鱼吃虾米，虾米吃淤泥。在这个永不停止、永不断条的食物链中，各种各样的水下生命在不知不觉中完成了这个庞大水系的生态平衡。

大家看岸边，那是垂钓爱好者的乐园。现在，在桓龙湖岸边，有许许多多的垂钓爱好者。他们凭借一把鱼竿，享受着这方碧水为他们带来的纯自然的世外桃源般的悠闲生活。有人在钓鱼时，随身带铁锅和一些调味品。钓到鱼以后，他们从树林中拾来干柴，生火，用江水炖鱼。因为鱼特别鲜，水又特别清，江边炖出的鱼味道就格外鲜美。桓仁人有"出门在外不吃鱼"之说，因为哪儿的鱼也比不上桓龙湖的好吃。

岸那边的建筑是渔场。此处位于桓仁城东 7 公里，汽车 15 分钟即可到达。场部设有餐厅，在那里可以品尝到拥有 12 道菜的全鱼宴。除了各种鱼类外，还有鱼肉馅水饺，鱼肉丸子等特色美食。渔场设有大冷库和加工厂。加工厂是中日合资企业，专门加工池沼公鱼。这种鱼我们当地人叫它"秋生鱼"，它是一年生鱼种，体长 2～3 寸，肉味鲜美，营养价值很高。加工好，打上包装，在日本每条鱼可卖 1 美元。

这处陆地叫小龟山。赶上盛水期，整座山体像是一个伏在水面的乌龟。大家看，前方探出的部分便是它的头部，浑圆的山体就是它的身体，它仿佛永远地看着前方。请大家顺着这个乌龟的视线看，前面的那个小岛叫做"鳄鱼岛"。

西岸上的这座峭壁险峰是"三层峰"。它临江而立，衔接非常巧妙，层次分为上、中、下三层，高约70多米，山腰有15道山梁，分布均匀，横贯全山，总长2500多米。山上生有大量的野杜鹃花。每到春季，迎面山上就像铺了三层粉红色的锦缎一样。山花烂漫，湖青天蓝，其色彩和格局恰似一幅名画家精心绘制的山水画卷。

三层峰面对的湖面，是桓龙湖水域最宽阔的地方，宽度达8000多米。8000米银波荡漾，像一潭流动的翡翠一样镶嵌在浑江谷底。这便是一条庞大的天然的绿色循环链。大家知道，一棵成年的阔叶树，它涵养和吞吐水的能力为4吨，山上连绵的森林犹如一座凝固的水库。同样，也需要4吨水才能培育出一棵成年的阔叶树。因此，这方碧水也犹如一片流动的森林。碧水和森林之间是经常进行交换的，即森林吐水为之湖，湖泊发水为森林，它们之间的默契形成了这青山共碧水、碧水伴青山的景象。在大自然中，干旱时，一棵阔叶树可以吐出清水2吨多；在洪涝时，一棵阔叶树可以吸纳2吨水。大家算一笔账，如果没有青山上的棵棵树木，34.6亿立方米的水用不了多少年也许会干涸。同样，若没有这丰沛的水源，山上的树木也不会如此茂盛。因此，在浑然天成的生态体系中，植被和水源永远都是互相依存、互相推动的统一体。这个统一体一旦被破坏，生态便会遭到破坏。

前方这个四面皆水的孤岛便是"杜鹃岛"。春天，岛上满野的杜鹃花嫣红如霞；秋天，霜染枫叶绯红似火。岛上有个峰头，高达100米，周长800米。

近年来，桓仁政府采取了封山育林、禁止民间保存枪支的强制措施，这个举措的实施，为大批野生动物的生存提供了广阔的空间。如今，桓龙湖中生活着3000多只鹭。这种鸟俗称灰鹤，是一种候鸟。秋季以后，它们便会飞向南方。春天时，它们再返回桓龙湖。每年的 6 月，灰鹤开始繁殖。由于没有人类的干扰和射杀，它们的队伍越来越庞大，如今桓龙湖已经成为灰鹤的栖息地。不仅如此，桓龙湖目前已经成为水鸭子等多种小鸟的家园。这些自由的生灵之所以选择了桓龙湖为生存场所，就是因为桓龙湖的环境和生态适应它们的生存条件。

前面的这座小山岗是"高丽墓子"。在没有修建人工湖之前，浑江是一条水流湍急的水域，两岸布满了农房、村庄和土地。那时，两岸多见高句丽民族的坟墓，这种坟墓被当地人称为"高丽墓子"。大坝蓄水后，两岸的农田、村庄都被大水淹没了。大家看前面就是桓仁电厂的主坝体，位于县城东北 4 公里处的浑江中游氓牛哨峡谷中，是国家兴建的大型水库。1936 年，日本侵略者为掠夺桓仁的水利资源，曾在浑江进行水利勘测；1942 年，动工修建；1945 年日本投降，工程停建。日本人原来设计的高度有 140 多米，这就说明日本人不是想把桓仁建设一个县，而是要建成东北最大的能源基地。1952 年，我国对原坝址进行重新勘测，1957 年设计，1958 年 8 月 1 日开始施工。1967 年竣工，同年 7 月 20 日落闸蓄水。库区淹没土地 61695 亩，动迁 18151 人。大坝为混凝土单支墩大头坝，长 593.3 米，宽 89.3 米，高 78.5 米，12 个高部放流孔，2 个中部放流孔，4 个底部放流孔。正常高水位 300 米，死水位 290 米，最大库容 34.6 亿立方米，死库容 13.8 亿立方米，为不完全年调节水库。水库以发电为主，兼顾防洪、灌溉和养殖，工程总投资 2.2 亿元，总装机容量 22.25 万千瓦，年均发电量 4.77 亿千瓦时。

眼前这片伸向湖面的陆地叫"长岗子"。这片黄色的近似于沙滩的地方，是五女山的南麓，这里是垂钓和野炊的好地方。在前方有一座红房子，那是水上升空伞娱乐项目区，喜欢刺激的朋友可以试一试。

我们看到江面上的绿色网箱，就是桓龙湖上的网箱养鱼。把网底用铅坠沉入水下，将鱼苗放入箱内养殖，在网箱养的大都是鲤鱼。

请大家顺着我手指的方向看，前面这座山就是五女山。整个山体的中部像一个仰卧的人头像。前方宽阔的是额头，深深的是眼窝，高高翘起的是鼻子。他的嘴微微地张开，有人说酷似列宁，所以民间称之为"列宁峰"。

　　大家看此处，这里奇峰耸立，碧水翻涌，是一处典雅的碧水奇峰的景观，全山总长 3000 多米，高大的石壁上有自然形成的石纹。这个山口叫"七音谷"，宽 6 米，高约 30 米，两壁对峙，天开一线，它的右侧的山体好像是把黄山缩小了，所以人们叫它"小黄山"。山上的松以奇以多而著称，仿佛人工放置的盆景。东侧就是俗称的"马面石"。"马面石"高近百米，青缨青鬃灰面，垂首在饮湖水。

　　前方这个岛屿叫万乐岛，从高空中看，岛形酷似一个"乐"字，岛的面积约 1 万平方米，岛岸线长 2600 米，海拔为 160 米，是一个集佛教文化、生态观光于一体的旅游胜地，建有全国最高的杨柳观音像，东北最大的魁星楼、文昌阁，塑有三方佛的石窟群像，以及龙华寺、五方五土财神庙等寺庙。

　　我们行走的路线，只是桓龙湖的一小部分。尽管没有游览整个桓龙湖，但这片水域的特点和风光我想大家都已经领略到了。

　　游桓龙湖，会使我们更加具体、更加直接地了解和感受环境和生态之间的关系，我们相信，桓仁政府将不遗余力地保护好这方碧水，让它成为造福子孙后代的资源。

　　在返回的路上，大家可以用自己的眼睛、用自己的心灵，再一次细致地体会这里水、山之间的神奇和默契，感受湖光山色所带来的美妙与灵动，品味徐徐清风送来的惬意和快感。

大雅河漂流景区

游客朋友：

大家好！今天，我要带大家游览的是"东北第一漂"——大雅河漂流。

大雅河漂流景区，位于辽宁省本溪市桓仁满族自治县普乐堡镇老漫子村，距县城 33 公里，总规划面积 54.8 平方公里，是以漂流为主，集餐饮、住宿、会议、休闲、娱乐、度假、购物为一体的综合性风景区，素有"东北第一漂""塞北小桂林"之美誉。景区先后被评为本溪市绿色景区、花园式单位、辽宁五十佳景、辽宁省画家写生基地、国家地质公园、国家 AAAA 级景区、全国休闲农业与乡村旅游五星级企业。

行车时间大约 30 分钟。下面我就利用这段时间向大家介绍一下什么是漂流、漂流起源于何时，然后再介绍一下我们要去的大雅河漂流项目。

好，首先我问一下，什么是漂流？

漂流，是人们用不同材料制成的船、艇、舟、筏在江河水域中顺流而下，极具参与性、挑战性和娱乐性的体育运动。

漂流最初源于爱斯基摩人的皮船、印第安人的树皮舟、中国的竹筏和木筏等。这些都是为了满足当时生活、生存、交通、战争的需要而制造的运输工具，而真正作为娱乐运动项目的漂流还是在"二战"以后才开始发展起来的。美国人是第一代商业漂流经营者。

刚才我们了解了什么是漂流、漂流起源于何时，我想大家最想了解的还是我们要去的大雅河漂流。

据资料介绍，目前我国有大小漂流河段百余条，有惊险刺激的探险漂流，也有温顺平和的休闲漂流，唯大雅河漂流独具特色。特在哪儿？特就特在"男女老少皆宜，快乐开心刺激"。

有人说："大雅河漂流就像一杯酒，尝一口就会让您终生难忘"；也有人说："大雅河漂流就像一幅画，走进去就会使您流连忘返"。这里，是盛夏避暑的胜地；这里，是洗涤疲惫的港湾；这里，是开心刺激的乐土；这里，是放飞心情的田园。

大雅河漂流有三大特点：

其一：水质好。大雅河发源于高丽盘道岭、大凹岭一带原始森林区，全长 73 公里。流经之处无任何污染，经国家有关部门检测为一级水标准，可直接饮用，在目前的国内漂流行业中是独一无二的。

其二：水势好。大雅河漂流全长 6.6 公里，区段落差适度，水流时急时缓，河道曲折弯转。河床内大大小小、高低错落的鹅卵石使河水形成了激流和旋涡。当你放舟河中，你就会在跌宕起伏中寻求到刺激，在不由自主的旋转摇晃中得到开心。在这里我还要特别提示大家，一定要积极参加"水上大战"，这是大雅河漂流过程中一个极具刺激性，又能使人达到最高兴奋点的重要环节。这里不分男女老少，不论是否相识，只要你能全身心地参加战斗，就会真正体验到什么是生活！什么叫和谐！什么叫开心！什么是快乐！

其三：环境好。据医学专家讲，除利用森林生态环境功能防病、治病外，奔流的河水相互冲击并与石头碰撞摩擦产生大量的负离子，这些负离子对人体健康大有益处。大雅河漂流景区沿岸多是奇峰林立、峭壁嶙峋、苍松翠柏、野鸭戏水、山鹰盘旋，生态环境优美无比。荡舟其间，如同梦游仙境，青山绿水，湖光山色能给人的视觉和神经带来美的享受，使人身心放松、神清气爽。

有人说大雅河漂流景区是北方"小桂林"，也有人称它是北方

"张家界"。

在大雅河漂流，您不仅能感受到漂流的开心刺激，还能游览到大自然恩赐的迷人景色。在大雅河漂流景区您可欣赏到画屏山的雄姿，领略到天柱峰、飞来石、玉佛指、望夫崖、斧劈崖、一线天、风尘侠、回音壁、钓鱼台等诸多自然景观的风采；同时，您还可以感悟到天然根雕"醉凤凰"、罕见的"聚龙瓶"、设计独特的"木艺厅"、耐人寻味的"情侣树"、传说神奇的"仙足池"等人文景观的韵味。可以说，在大雅河景区您有看不完的景观、景色，听不够的故事、传说。

大雅河漂流以其独特的魅力吸引着无数的中外游客，使所有来过的游客都对它产生了深深的眷恋。著名评书表演艺术家田连元先生曾题词赞美道："山以奇著称，河因雅得名，轻舟三五里美景冠辽东。"著名经济学家厉以宁也在漂流之后留下了"忘忧、忘返、忘年"的感慨之词。

如果说，大雅河漂流刺激、开心，大雅河景色秀丽迷人，那么大雅河漂流的服务又是怎样呢？回答是：更能让您称心如意！大雅河漂流人，就像大雅河水一样，清澈见底，纯洁执著。

在这里我要特别提一句，大雅河漂流景区建设至今没外请一个专家学者，硬是依靠自己的力量，自行规划、自行设计，联合施工，把这片沉睡千年的僻野荒滩，建造成今天这样一个深受业内专家赞赏、备受广大游客喜爱的旅游景区。

大雅河漂流人质朴纯真，从开发建设那天起就始终把游客需求放在第一位。尤其是近几年，大雅河漂流景区可以说是一年一个新变化，一年一个新起色。

现在的大雅河漂流景区可以说是服务功能完备，服务设施齐全，基本上形成了"吃、住、行、游、购、娱"一条龙服务体系。在大雅河景区，吃，有可口的农家饭菜、全猪宴、风味烧烤、烤全羊，二层木艺餐厅可容纳600人同时就餐，纯木质建筑、风格独特，堪称华夏一绝；住，有各类高标间、普通间及北方人喜爱的小火炕；行，有现代化的交通工具；游，有开心刺激的漂流，还有风景秀美的画屏山；购，有土特产品、工艺品购物广场；娱，有卡拉OK厅、棋牌室、照相部、小剧场、跑马场、抬花轿及水上娱乐项目、文艺演出、篝火晚会等。此外，景区还设有培训中心、会议中心，设备齐全，可容纳百余人。

大雅河漂流景区四季分明、风景如画。春天，和煦的南风吹送着清新的空气，可以观赏野杜鹃、梨花、杏花开放的纯美景色；能领略大地苏醒、万物萌发的悸动，感受生命神奇的回归。夏天，草木葱茏、万物峥嵘，所有的生命达到最旺盛的状态，可领略到"墨松翠柳千姿绿、碧宇银波万里皑"的壮美景象，可亲身体会奔腾的大雅河水所带来的别样感觉。冬天，白雪皑皑，银装素裹，天地静谧，可欣赏雾凇、冰雪甚至寒风中的景象，寻觅生命蛰伏的踪迹，聆听冰封之下的天籁之音。

在这里，我要特别介绍一下大雅河的秋天，万山红遍、层林尽染，您可以观赏到绝美的枫叶，大雅河枫叶的特点就在于枫树染色品种繁多，有大红枫、紫罗枫、黄枫、五彩枫。到了秋天，大雅河就像一幅七彩斑斓的山水画，真可谓人在景区走，胜似画中游。享受天高云淡、风清气朗的境界，品味生命由萌发到旺盛、由旺盛到成熟的凝重。

大雅河漂流开心刺激，能让您一漂难忘；大雅河之夜多姿多彩，更能让您难离难舍。那五光十色的彩灯、射灯，那激情奔放的歌舞篝火，那沁人肺腑的风味烧烤，那具有民族特色的劲舞轻歌，还有那挂满天空的礼花烟火，无一不显示着这里是一个五彩缤纷的迷人世界。

好了，游客朋友们。俗话说"百闻不如一见"，大雅河漂流究竟怎么样？还是由您亲自去感受一下吧！

枫林谷景区

各位游客朋友们：

大家好，欢迎来到迷人的枫林谷。

首先映入我们眼帘的这个巨大的谷字山门，是中国目前最大的谷字，寓意"山山藏谷，谷谷迎宾"。

来枫林谷之前，您听说过"诗画山水，神奇桓仁"吗？枫林谷景区就是桓仁山水最迷人、最精彩的部分之一，堪称"万景奇谷"。被誉为远离都市的"世外净土"、休闲养生的"天然氧吧"、寻幽消夏的"避暑胜地"、风情万种的"枫叶王国"。

下面向大家简要介绍一下枫林谷景区：

枫林谷森林公园位于桓仁满族自治县向阳乡，区域面积 2583 公顷，最高峰——八面威 1305 米，是辽宁省第五高峰，景区总投资 1.5 亿元。景区秉承可持续发展战略，依托青山绿水，精心打造"两绿两红"两大文化，"两绿"即生态文化、森林文化，"两红"即枫叶文化、红色文化。

桓仁现有 8 家国有林场，多年来，依靠采伐销售木材维系生存。2003 年，桓仁停止天然林商业性采伐，国有林场收入锐减，刚性支出难以保证，职工收入偏低，月平均工资只有 1700 元。发展的困境逼迫国有林场必须转变经营发展方式，寻求新的替代产业。2011 年 11 月，经林业局党委研究决定，请示县委、县政府同意，由 8 家国有林场共同出资，组建桓仁枫林谷森林公园旅游有限公司，开发建设枫林谷，发展森林旅游，变"卖木材"为"卖景观"，实现"树不倒，钱不少"，走出了一条国有林场生存和发展的新路子。

枫林谷的前身是和平林场，是 8 个林场中最偏远的，在高速公路开通之前，从县城到和平林场开车需要两个小时，受交通条件制约，和平林场是全县最贫困林场。发展森林旅游后，干部职工成为景区的管理员、服务员和护林员，收入翻番，变成了最富裕的林场。

枫林谷的成功开发建设为国有林场改革奠定了坚实的基础，使恒仁国有林场改革走在了全省的前列，得到了各级领导的充分肯定。中央政治局委员、国务院副总理汪洋在新华社内参批示："集中开发，分别入股，是个好办法"；国家林业局局长张建龙批示："总结推广桓仁经验，既要改革到位，又要把替代产业发展好，确保国有林场健康发展。"

枫林谷拥有辽宁五个之最：

1. 最高的森林覆盖率

森林覆盖率高达 98.75%，在辽宁省森林类景区覆盖率最高，拥有大面积古树群落，集中分布古树千余株，有红松、水曲柳、香杨等。

2. 最高的避暑指数

景区气候凉爽宜人，盛夏时节最高气温 18℃，湿度 65% 左右，伴随着植物散发出的植物精气，令人神清气爽。

3. 最优质的溪水

水质符合国家二类饮用水标准，可以直接饮用，水呈弱碱性，富含钾、钙、钠、镁等大量矿物质和微量元素，能帮助排出体内的废物、提高食欲和帮助睡眠，长期饮用对身体有益。

4. 最佳的森林体验

拥有最具有原生态自然环境的天然氧吧，负氧离子含量平均 3 万个/立方厘米，适合旅游观光、避暑度假、休闲养生、山地运动。

5. 最大的观赏枫叶群落

公园总面积的70%以上均有枫叶分布，涵盖了整个枫叶自然分布带，也是辽宁欣赏枫叶最早的地方，枫叶分布最广、种类最全、色彩最艳、持续时间最久，是名副其实的枫叶王国。

朋友们，我们现在到达了九曲峡天然氧吧入口，让我们尽情呼吸这新鲜的空气吧。

枫林谷景区于2013年9月6日开园营业，开业以来迅速得到了市场认可，年接待游客20万人次。先后获得中国工笔画写生创作基地、辽宁省生态文化教育示范基地、中国森林氧吧、AAAA级国家旅游景区、全国森林体验基地、全国森林旅游示范县等荣誉称号。

【九曲峡景区】

现在我们走进的是九曲峡天然氧吧。九曲峡是枫林谷生态最原始、最丰富的景区，景区全长1470米，沟深谷窄，峡谷两侧悬崖如刀削斧劈，峡谷内溪流丰沛，古树参天最适宜避暑。

【拔凉地】

枫林谷不但有奇景、有故事，而且还有地质奇观。这种现象是受第四纪冰期气候影响，岩石相互挤压、沉积形成几十米的"乱石窖"，盛夏时节地下凉气上浮，地表温度只有5摄氏度，所以特别凉爽。

【溪枫池】

湍急的溪流在这里形成一个小型瀑布，瀑布下方冲击出一个池潭。每逢秋季，片片红叶随风飘落在池潭中，在两岸的枫树倒映下，旖旎生辉，所谓丹枫映泉舞，最美枫林谷说的就是这里的景色。

【龟潭】

现在我们大家看到的是"龟潭"：一大一小两块天然巨石形成一只探脖饮水的神龟形象。枫林谷地质奇特，风貌原始，这里有天然形成的神龟、灵蛇、飞鱼、仙鹤、凤凰、卧虎、蟠龙等各种祥瑞动物景观，让人浮想联翩，逸趣盎然。

【九叠飞瀑】

枫林谷溪水丰沛，水质清澈，眼前的飞瀑就是大自然造就的奇观。溪水蜿蜒而下，叠石九层，落差十余米，故名"九叠飞瀑"。既然来到"最适合呼吸的地方"，大家可以亲自体验一下洗肺，现在就让我们一起来做深呼吸，呼出浊气，吸入清气，放松心情，回归自然。

【中心石】

世界真奇妙，看了才知道。大家看，这块石头上天然形成"中心"两个字，寓意着这里是中国枫叶的中心。这种现象是由壳状地衣形成的，壳状地衣是真菌和藻类的共生体，是生命最初的形态，俗名石花，周围的这些大石上也都长有石花，这叫"石上开花花不谢，不谢石花万年开"。

【弥勒浴】

各位朋友往前看，前面溪水里的巨石像不像一座弥勒佛？溪水从他的胸前流过，仿佛正在沐浴，因此叫作"弥勒浴"。大家再看下面溪水中岩石的形状多像一只脚底朝上的大脚，佛祖盘腿而坐脚掌朝上，栩栩如生。

【大挣石】

这块长14.7米，宽9米，高5.4米，重900多吨的巨石叫作大挣石。它以"天下第一粽"的地位名列枫林谷九大奇景之中。你看它棱角分明，多像一个大粽子。北方方言粽称为挣，所以命名为"大挣石"，也称大粽石。

【石营房】

眼前这座天然形成的石屋我们称之为"石营房"。它是由一块长 9.3 米，宽 9.5 米，厚 1.4 米，重达 300 多吨的巨石形成。这里曾是抗联的一个根据地，据当地老人讲，当年枫林谷一带活跃着一伙强盗，当地人称胡子，首领叫作青山好，他当胡子从不胡乱抢掠，只劫富济贫。1932 年，日本鬼子攻进了桓仁；1934 年，杨靖宇进入桓仁将青山好收编共同抗日，最后青山好牺牲在这里。可以说，枫林谷的枫叶别样红，那是血染的风采；枫林谷的红色文化凝重丰富，那是先辈们用生命写成的。

【寿桃石】

眼前这座高 15 米，重 500 余吨的巨石像不像一个巨大的尖桃？这就是号称"天下第一寿桃"的寿桃石，也是枫林谷九大奇景之一。传说寿星见枫林谷是难得的世外桃源，便把寿桃留在了这里，让有缘人参悟长寿之道。

【天阙门】

前面这道从中间劈开的山崖叫作"天阙门"。从下面往红枫顶走需要经过三道天门，这是第一道，第二道门叫转运门，第三道门叫睡仙门。这叫"过天门，天门开，观景同上望龙台"。细心的朋友会发现，天阙门旁还有个石猴，它正在欢迎朋友们的到来。

【转运门】

我们走到这必须得转一道弯再往峰顶走，因为传说转过这道门，您的运气就会好上加好，永远相伴，所以这道门叫作"转运门"。

【睡仙门】

右下方这个由两块岩石组成的形若门状的景观就是"睡仙门"。这是枫林谷的第三道天门，过了这道门，就可以直达红枫顶了。大家看，睡仙门上的巨岩是不是很像一个正在打瞌睡的神仙？他头戴瓜皮帽，闭着眼，噘着嘴，头倚着石壁昏昏欲睡，样子很窘也很萌。

【红枫顶】

现在我们终于登上了红枫顶，这是九曲峡的最高处，海拔816米。站在此处，整个景区尽收眼底，纵目四望，可赏层林奇峰，可观云海，韵味无穷，绚丽多姿。

红枫顶也叫"望龙台"，因为从这里可以望见远处的回龙湖。脚下的九块巨石，宛如九片巨大的龙鳞，相传是黄龙羽化时留下来的。

【神龟献寿】

不用我详细介绍，大家一定能看出来这块岩石是个天然乌龟造型。它伸颈而立，睁眼欲言，背负油松，构成一幅绝妙的神龟献寿图。

【平步峰】

现在我们登上的山峰叫"平步峰"，寓意平步青云，一览江山。平步峰周边皆为悬崖峭壁，仅有一处可以攀登，峰顶地势平坦，视野开阔，可远眺卧虎峰，俯视九岔沟。大家可以在这里稍作休息，稍后继续进行我们的枫谷之旅。

【红臀】

这棵根部弯曲外翘的红松极似人的臀部，所以称为"红臀"，您看是不是很形象呢？

现在我们就要乘坐电瓶车沿九岔沟返回游客中心。朋友们，我们枫林谷的风景看也看不够，说也说不完，这是一个可以把爱和健康带回家的地方。在结束游览之前，我想告诉大家，枫林谷景区仍在不断投资、开发建设新的旅游项目，下次再来游览时，将会有新的惊喜等待着您。

龙溪谷景区

　　龙溪谷景区位于辽宁省本溪市桓仁满族自治县普乐堡镇，距县城33公里，坐落在素有北方"张家界"之称的画屏山脉。森林覆盖率达85%以上，总占地面积16平方公里，是以踏青、赏枫、登山为主，集餐饮、住宿、休闲、观光、水上娱乐为一体，是枫叶最美、品种最全、山峰最俊秀的纯自然休闲、观光风景区。景区内主要有：瀑布、龙潭、走运石、秋林幽谷、滑索、吊桥、儿童乐园、水上娱乐等，是辽宁省画家写生基地、摄影基地，是辽宁省五十佳景之一。境内山峰俊秀、沟幽谷深、溪水潺潺，因其核心景点是龙潭，所以取名龙溪谷。

　　龙溪谷是春季踏青、秋季赏枫及登山爱好者的圣地。这里植物种类繁多，有各种野花、山野菜、菌类、珍稀树种，数量最多的要数枫树，有近两万株。春季这里山花烂漫，有映山红、野杜鹃、山芍药、野菊花、蒲公英、马莲花及世界珍稀植物天女木兰等，在青草绿树的映衬下显得格外娇艳美丽，这时您才会真的感受到大自然对人类的馈赠！秋季您来到龙溪谷，万山红透、层林尽染、满地秋叶好似天然地毯，秋色浓郁。满目秋色惹人醉，枫叶似火激情燃！在这里您可领略和欣赏到中华枫叶之俊美，形色多样和奇绝。可以说，这里是辽东枫叶集成地。龙溪谷枫叶最大的特点是颜色、种类繁多。从颜色上看主要有大红枫、橘红枫、橘黄枫、黄枫、艳黄枫，更有鲜活灵动的"七彩枫""变色枫""腊梅枫"和稀世罕见、色彩独特，堪称"枫界"一绝的"紫罗枫"；有五角枫、七角枫、九角枫、十一角枫，还有品种稀少难得一见的十三角枫。

龙溪谷的美，为酷爱艺术的人们提供了写生基地；龙溪谷的娱乐项目，为您和孩子提供放飞心情的乐园；龙溪谷的瀑布，让人感叹大自然的神奇；龙溪谷的山，让人感受拥抱大自然的快乐；龙溪谷的水，让人感悟美好的生活！

各位游客，俗话说百闻不如一见，今天就让我带领大家体验一下什么是"枫情万种"，什么会让您流连忘返！在参观之前要提醒大家：枫叶，在树上才最能体现它的美丽，才会让所有人欣赏到，大家一定不要采摘。下面请大家随我走进龙溪谷。

大家看，这座波浪式艺术造型的桥是"迎宾桥"。桥下这条河叫大雅河，水质冰清玉洁，是国家一级水标准，2002年开发了漂流项目，被誉为"东北第一漂，塞北小桂林"。

大雅河漂流的特点是：开心刺激、老少皆宜。漂流全长6.6公里。在漂流过程中不分男女老少，相识不相识的，都会打成一片，整个河道都是笑声、呐喊声。真的不知道用什么词汇来形容漂流者的快乐！希望大家有时间的话一定要体验一下开心刺激的漂流活动。

当您还沉浸在夏季漂流的快乐之中时，我们已经穿越回到了秋天。龙溪谷有五大观赏区：园林赏枫区、水上娱乐区、瀑布观赏区、自然赏枫区、登山观光区。

大家看，眼前这块大大的鹅卵石上写着三个大字——"枫林园"，这里就是龙溪谷景区的园林赏枫区，园内有枫树两万多株，集聚了世界枫树之精华。枫树种类最全、枫叶颜色最多、枫叶红的时间最长。一会儿，我会把园区内的极品枫树一一介绍给大家。现在大家顺着我手指的方向看，这块大鹅卵石像什么？对，像观音，这就是天然形成的观音石。观音石周围的这四棵树便是"四大天王"，守护观音菩萨的，大家可以拍照祈福。

大家在赏枫游览的同时还可以欣赏一下"镇园之宝"——天然

大型根雕，可谓鬼斧神工。左前方的叫"聚龙瓶"，大家看像不像一条龙盘在上面呢？右前方叫"醉凤凰"，有龙凤呈祥的意思，关于醉凤凰还有一段美丽的传说：很早以前，有一只凤凰从这里飞过，被具有"塞北小桂林"之称的青山秀水迷恋，让它不得不在天柱峰上落脚停歇，兴奋至极它将酒瓶吞入腹中，醉落园中，化为根形。大家看，至今酒瓶仍在腹中。在这里流传着这样一句话："摸摸凤凰头，万事如意无忧愁；拍拍凤凰背，一生平安长命百岁。"

各位游客，我们即将踏上"枫情路"，走进枫的世界。多彩枫情路，一路多枫情，一步一幅画，处处是美景。大家在观赏枫叶的同时，您一定想了解一些有关枫树的知识吧？枫树属槭树科，喜欢潮湿阴冷的环境，资料记载寿命最长的枫树能活 1100 年。枫叶一般在 9 月 25 日以后变为红色、黄色、橙色、紫色等，为著名的秋色观叶树种。霜降时节枫叶的叶绿素不断遭到破坏和分解，植物叶片除了含有叶绿素、叶黄素、胡萝卜等色素外，还有一种叫花青素的特殊色素。它是一种"变色龙"，为了御寒，枫叶又把淀粉转化为糖分，大量的糖分会形成较多的花青素。就这样叶绿素减少花青素增多，枫树的叶片细胞液此时呈酸性，根据光照的程度不同整个叶片便呈现不同颜色。枫树的观赏价值主要由叶色和叶形所决定，一会大家可以一饱眼福。

枫情路上解风情，大家可以找自己喜欢的枫树拍照。大家看，这是园区唯一一棵没有杂色的黄枫，太阳光透过叶片像金子一样闪闪发光，寓意各位年收斗金，财源广进，所以取名"黄金满地"。俗话说得好，物以稀为贵，大家看这棵便是最稀少的十三角枫，一般很少见到，它的角多、叶片基本呈圆形，特别饱满。

游客朋友，右手侧这座铁桥长 50 米，是夏季漂流游客通往码头的通道，也是游客观景拍照的观景桥。前方是大雅河漂流码头。这棵枫树取名为"鸿运当头"，是满园最红的枫树，透过阳光的照射像美丽的红宝石。

现在，要带大家看看全国罕见的"紫罗枫"，它枝干挺拔，色调浓重。紫色代表胆识、勇气、高贵、神秘、深沉、成熟等。

大家看，这个小园区枫树的树形是全国罕见的。深秋时节，满地枫叶踩上去像松软的地毯，置身其间，怎能不感受到大自然的广阔与神奇？龙溪谷每到枫叶红时，都会吸引省内外的摄影、绘画爱好者。古时，古人对枫叶的观赏价值早有认识，历代的文人墨客对枫叶青睐有加，关于描绘枫叶的诗文屡见不鲜，如唐代诗人杜牧的："停车坐爱枫林晚，霜叶红于二月花。"由于枫之美得到历代人们的赏识，在各地园林风景中，栽培枫树也较普遍，全世界共有199种枫树，在中国就有151种。

请看，左边这条石板路是"浪漫林荫路"，也是景区游览中心路，沿途设置了各种娱乐项目，有秋千、躺床、摇椅、蹦床、儿童乐园等。继续向前走，就是深受青年游客喜爱的"水上乐园"，这里有水上浮桥、平衡木、吊链桥、划船等娱乐项目，大家自由活动时可以尽情体验一下。

我们的正前方就是瀑布观赏区，眼前雄峰秀水，不能不让我触景生情，诗兴大发："云天飞瀑垂玉帘，秋林幽谷溪水潺。都说'枫王'难得见，只故深藏险峰间，如若想见'枫王'面，必须险峰敢登攀。不到长城非好汉，不见'枫王'留遗憾！"

游客朋友，经过"走运石"就是云天飞瀑和龙潭，"龙溪谷"名字就是由此而来。走运石是由56块石头组成，象征全国56个民族团结一致，这56块坚固基石让国运、家运、好运常在。

每当来到这里，就会不由自主地想起李白的诗句："飞流直下三千尺，疑是银河落九天。"现在，我们看到的是堪称辽东地区最大的纯天然瀑布——"云天瀑布"，高100多米。瀑布下面的水潭叫"龙潭"，"龙潭"之水四季长存冬夏不干。这里的"龙潭"不仅传说神奇，这一片神奇的水土孕育的"七彩枫"更是罕见，赤、橙、黄、绿、青、蓝、紫，七彩斑斓。"七彩枫"便是我们多姿多彩欢乐生活的体现。

各位游客，大家看上面的几个大字——"圣水泉"，这里山泉水四季不涸，甘甜可口，是纯天然的冰镇矿泉。据说，饮用此水就可成为"圣人"，大家可以尝试一下。

走进秋林幽谷，就是自然赏枫区，感受不一样的枫情。枫叶以秋天时为最美，她以饱经风霜的魔力，装点漫山秋景的瑰丽；她以片片枫叶片片情，承载着赞美的诗句。相思回味谁更美，晚霞红叶激情酣；红枫依晚霞，彩霞情相恋。晓来谁染枫林醉？每年秋季都会有成千上万的游客，不远百里、千里来观赏枫叶。为了把最美的枫叶展示给四海宾客，我们又开发了登山赏枫区，山上最高的枫树有十几米。这条路又称青云路，寓意着平步青云、步步高升。

现在终于到达山顶了，登高远望，是否有一种"会当凌绝顶，一览众山小"的感觉呢？大家可以稍作休息，我给大家讲个传说，枫叶为什么会变红呢？传说，黄帝杀蚩尤，血染枫叶而变红。《山海经》载："黄帝杀蚩尤于黎山，弃其械，化为枫树。"意思是说，黄帝杀了蚩尤后，兵器上染了血，变成了枫树，枫叶当然是红色的了。宋代诗人杨万里在《秋山》诗中写道："小枫一夜偷天酒，却倩孤松掩醉客。"在杨万里眼里，枫叶竟是偷喝了"天酒"而被染红的。这说明枫树也是很有灵气的，大家一定要爱护她。

下山的路有两条：一条是空中滑索，一条是步行石板路，您可以自由选择，大家要注意安全。

各位游客，龙溪谷的游览到此结束，龙溪谷景区还在发展建设中，还有更多项目准备开发，未来的龙溪谷将打造成为全国、全世界的旅游胜地。龙溪谷欢迎您的再次光临！

辽宁五女山米兰酒业有限公司

各位来宾：

大家好！欢迎来到辽宁五女山米兰酒业有限公司。我代表全体员工欢迎各位，今天由我陪同大家一起去看看公司的酿酒技术，同时免费品尝五女山酒。

在参观酿酒工艺之前，先为大家简单地介绍一下公司概况。辽宁五女山米兰酒业有限公司成立于 2001 年，由辽宁省能源投资（集团）有限责任公司、辽宁省五女山绿色食品开发有限公司和加拿大太平洋米兰酒业有限公司三方合资兴建的中外合资企业，同时也是中国国内首家引进冰葡萄酒的专业厂家。

公司占地面积 4.2 万平方米，建设面积 1.6 万平方米，资产总值 1.2 亿元。拥有意大利迪丽·托夫拉公司生产的国际目前最先进的葡萄破碎、发酵、后处理、灌装全套生产线，年加工能力 10000 吨，目前在国内硬件设施综合能力进入同行业前 10 位。

现在大家看到的是酿酒工艺的第一道工序。它是对葡萄进行一次性破碎除梗，这台破碎机的加工能力为每小时 50 吨，五女山酒业公司拥有两台破碎机，其破碎加工水平居国内一流。

这是发酵车间，我们所看到的便是发酵罐，它应用当今世界上最先进的全进口板材，120 吨自动控温发酵罐发酵，公司拥有同类发酵罐 20 个，一次发酵能力 2400 吨。

这是目前世界上最大的气囊压榨机。压榨机的工作原理是将一次发酵后的皮、渣利用气压原理将其中的有益成分全部榨净。由于其纯度较高，色泽较好，可用作调色酒。目前与张裕公司签订调色原酒每年 1000 吨的供货合同，其产品就出自该设备。

现在我们看到的是酿制高品质葡萄酒的第二道生产程序：储藏。

储藏的主要设备由橡木桶和储藏罐组成。五女山酒业有全进口板材自动控温 80 吨储藏罐 24 个、50 吨储藏罐 30 个、20 吨储藏罐 40 个、10 吨储藏罐 10 个和 4 吨装的橡木桶 75 个，总储藏能力可达到 10000 吨。其中，橡木桶储藏的原汁不仅有果香、酒香，同时还拥有木香。下面给大家讲一个与酿制葡萄酒有着一定历史渊源的故事：相传古有五女，屯兵五女山上，据山险与敌兵对垒。因兵多粮少，每值深秋，以山上所产木龙果充饥，多采时置于柞木桶中备用。一日偶见其果变为汁液，香气四溢，饮之，沁人肺腑，令人心旷神怡，五女甚喜，跪拜于天。此后，每值秋季，广为采集，藏于木桶，使其变为汁液，四季皆饮，士兵身强力壮，士气大振，大败敌军，刚才讲的柞木桶就是现在的橡木桶。

现在我们看到的是葡萄酒酿造的第三道生产工序：调制。

这道工艺是最终体现一个葡萄酒生产企业产品的风格及特点的关键环节。五女山公司拥有意大利制造的刮板冷冻机、硅藻土过滤机等调制系列设备，为生产高品质葡萄酒提供了必要的保证。其原理是针对不同的品种，由储藏罐中抽取不同的原料酒混合调制出不同风格的葡萄酒，这里也是酿酒名师施展才华的地方，公司拥有三位在国内国外一流的酿酒名师，分别是加拿大冰酒酿造师亚伯特·米兰先生，中国葡萄酒、果酒专家委员会执行主任陈泽义先生及中国葡萄酒高级品酒员王荣瑞先生，三位酿酒名师与员工一道酿造出具有独特风格和特点的高档葡萄酒。

我们现在看到的是最后一道工序：灌装。

灌装工艺是将调制好的酒液，利用意大利进口的先进低温过滤灌装线全封闭无菌灌装，该灌装线的工艺配置、设备配置为目前国际上最先进的，年加工能力达到10000吨。

五女山公司生产的主要产品有四大系列三十多个品种，主要有冰葡萄酒系列、野生原汁葡萄酒系列、干酒系列、白酒系列。

冰葡萄酒是世界葡萄酒界公认的酒中精品，被誉为液体黄金，是由名贵的纯种威戴尔葡萄酿制而成。冰葡萄酒是葡萄成熟后，在冬季零下10℃~12℃的气温下，冷冻15~20天后采摘，经过破冰榨汁发酵酿制而成。由于冰霜雪冻和贵酶菌的作用，果汁较普通果汁浓缩了十倍以上，加之采用的温控发酵，无菌隔氧等高科技灌装技术，冰葡萄酒具有优雅浓馥的芳香，醇柔爽净的口味，饮之令人心旷神怡、回味无穷，这是其他葡萄酒无法比拟的。

干酒系列：这是选用优质赤霞珠、碧丽珠、蛇龙珠为原料酿造的高档干红，具有宝石红色，晶亮透明，口感醇厚，回味绵长。这是选用雷司令为原料酿造的优质干白，采用控温发酵，具有色泽晶亮透明、醇和柔协、圆润舒爽的口味，佐以海鲜最为适宜。

原汁山葡萄酒系列：选用基地生产的优质山葡萄及纯野生山葡萄为原料酿制而成，色泽艳丽、酒味醇爽、营养丰富，乃葡萄酒中的上品。

长期饮用各种葡萄酒有美容养颜、软化血管之功效，是不可多得的营养酒。同时建议各位来宾在饮用葡萄酒时要适量，不宜暴饮，每日早、晚各一次，每次一两为最佳饮用，长期坚持，自有功效。

几年来，由于五女山公司坚持了以绿色、高品质为先导，以科技求发展的治厂方针，所以产品质量稳定。五女山冰酒及系列葡萄酒自投放市场以来先后获得了许多荣誉：1997年辽宁省轻工业产品科技进步奖；1997年国家科委全国葡萄酒评比金字塔奖；1997年经国家绿色食品中心检测、认证、注册为A级绿色食品；1998年埃及开罗国际博览会金字塔奖；1999年国家产品质量优秀奖；1999年本溪市政府确认为"放心葡萄酒生产企业"，1999年省政府确认为辽宁省十大旅游商品；2000年中国名牌产品保护品牌；2001

年列入辽宁省十大地方精品，2002 年评为辽宁省食品放心工程示范企业，农业产业化示范基地；2003 年荣获辽宁省著名商标，更重要的是获得有品位的成功人士的珍爱。

　　五女山人不仅把冰酒看作一个高档葡萄酒品种，更把它看成一个具有美好前景的品牌，同这里迷人的山、水、自然风光一样，都将是中国人的瑰宝！

　　最后，我代表五女山公司全体员工欢迎各位朋友再次光临！

第五篇　本溪物产

辽砚

千百年来，文房四宝传承着中华文明的博大精深，其中砚台被誉为"四宝之冠"。产于本溪市桥头镇小黄柏峪村的辽砚，其以独特的石材、悠久的历史、精湛的艺术和深厚的文化内涵名扬天下。历史上曾一度跻身于中国"四大名砚"（端砚、歙砚、洮砚、澄泥砚）之一，有"南为端砚，北为辽砚"之说。

辽砚因始产于辽代而得名。辽代是契丹族建立的王朝，对中原文化十分重视，一次偶然的机会，北枢密院史兼北府宰相萧思温发现小黄柏峪村石料，命人开采、雕刻，制成精美的砚台。进贡入宫后，辽景宗和萧太后都十分高兴，景宗挥笔在砚台上提了"大辽国砚"四字，辽砚从此得名。萧太后封辽砚为御砚，并派重兵把守小黄柏峪，严禁私人开采。每年都选上等石料，为王公贵族、皇子皇孙制作砚台。

小黄柏峪村盛产矿石叫作"线石"或者"云石"，形成于远古界，经过上亿年的地质演变，其石青紫相间、层理清楚，有的在寸把厚紫石中镶一道笔直的紫线。"清如碧玉，紫若沉潭"，不仅外观精妙，而且质地细腻，坚硬，具有抗酸、耐碱、抗风化、防辐射的特点，用它制成的辽砚，"滑而不流墨，涩而不磨笔，养墨为群砚之首"。

辽砚的造型基本以龙凤为主，兼有其他动物形象。主要以手工雕刻技术为主，其作品均是根据云石的颜色、纹理、形态精心设计巧妙运用而成的。从选材、构图、造型到技法的运用，均与石料浑然一体、天然合一。同时还融会贯通了中国传统的书法、绘画、篆刻艺术，是实用价值和艺术价值都非常高的珍品。今天的辽砚既具有传统美又具有时代感，又保留了民族特色，还融入了西方文化，是自然美与技艺美巧妙结合的极品。

中国收藏家协会授予辽砚为"中国名砚"的荣誉称号，本溪紫霞堂成为中国收藏家协会唯一颁证的辽砚加工厂商。"紫云堂"系列辽砚作品，被辽宁省、本溪市评为"十大名牌产品"之一，以辽砚为代表的本溪桥头石雕技艺被评为省级"非物质文化遗产"。

人参

桓仁地处中国人参主要产区——长白山南麓。境内山多林密，雨量适中，气候温凉潮湿，土壤松软肥沃，具有得天独厚的人参生长的自然条件。

桓仁人参的生产包括山参和园参。野山参资源较为丰富，现在每年都会挖到野山参，这里也是全国园参主要产地之一。桓仁的人参主要以体美须清、紧皮细纹、婀娜多姿、色味纯正而驰名中外，畅销国内各地，并远销世界20多个国家和地区，是辽宁省药材生产基地，也被定为全国药材生产基地县。

民谚称："关东山，三件宝，人参、貂皮、鹿茸角。"人参指的就是山参，山参之所以价格昂贵，主要在于它的药用、营养价值高，生长期长，生长条件要求苛刻，数量少，难以采挖。

山参（俗称野山参，棒槌）是五加科多年生草本宿根植物，喜在"阴中有阳，或半阴半阳"的山林中生长，对日光、水分、土壤、温度等生长条件要求比较严格，一般在阔叶林、针阔叶混交林、杂木林中和山葡萄、软枣藤架下生长。山参品种不一，有老山参、趴山参、移山参、台山参之分。

现在我给大家讲一讲山参的采挖过程。

在清朝以前，桓仁地区人们可以自由进山采参。建县前，今桓仁地区被封禁，严禁私人采参，违禁者，轻者杖责枷号，罚作苦役；重者，永远枷号，甚至死刑。偷采者为避官府耳目，把采参叫"放山"或"挖棒槌"。

旧时"放山"迷信色彩异常浓厚，只许说吉利话，忌讳甚多，如以3~11人为宜。避免2人或4人，因2人同伙，是最好的朋友，也怕见财起歹心；4人同"死"读音相近，不能结伙。如看到了蛇，要说"钱串子"；跌倒了，要说"拿了个片"。

农历四月，萌芽展叶，此时进山"放山"称"放芽草市"；五月百草浓绿称"放青草市"；六月参果青青，形如榔头，称"放青榔头市"；七月参果红艳，称"亮红顶子"，最易辨认，是"放山"的最佳季节；八月参果脱落，只剩一丛伞状果柄，称"放刷帚头市"。因季节不同，所获山参名称也各异，初夏叫"第参"，花时叫"朵子"，霜后叫"黄参"。

"放山"须经几十天或几个月，采参人必须随身携带餐具、寝具、雨具、粮米和挖参用具。如"索罗棍"，是用硬木制成，长约1.7米，直径3~5厘米，用它拨草寻找人参。还有小手斧、匕首、棒槌剪子、棒槌铲子、鹿骨针（或其他兽骨，忌铁制）、棒槌锁数个（用70~75厘米的红线，两端各系铜大钱2枚。忌用"道光""光绪"字样的，因"光"含一无所获之意，不吉利，要用带有"开元"或"乾隆"等吉利字样的大钱）。

"放山"人由"把头"（即采参多年，有经验之人）带领进山，根据经验判定山参生长之处，便在此搭窝棚，安下住处。为求山神保佑得参，用石块垒成山神庙，拜完山神就开山。如果放山多日"没开眼"（即没找到参），把头认为是窝棚压住宝了，便搬家另选好地，重盖窝棚。

"放山"时要排成"一"字横队，把头在横队右边，选一名有经验之人做副手，在横队左边，称为"边棍"，中间人称"腰棍"。各人间距约3米，手拿"索罗棍"边走边看。谁先"开眼"（发现参）要"喊山"，将索罗棍向地面一立，高喊"棒槌"。把头马上要"接山"，应声问："什么货？"发现者要回答："二荚子、灯台子、四批叶、五批叶、六批叶"，如三棵以上要喊"片货"。其他人要高喊"快当、快当"以示吉利和祝贺。然后把头将棒槌锁系在参茎上，另一头系在索罗棍上，以免"棒槌跑掉"，实际是做个标记，防止采参人碰坏。然后要伏地磕头，以谢山神。把头和有经验的人挖参，其余人继续找参或采青苔、扒树皮，准备包参用。挖参须小心，不能损伤参须子，如损伤则肢体会跑浆，售价将大为降低。在树皮里面放上青苔，装上适量原坑土，把参放在里面，叫"封包子"。若是结籽的山参，必须将籽播种在原参周围，让其自然生长，并做好标记，以备日后挖取。

园参，即人工栽培的人参，也称"家参"。桓仁园参可分为马芽子、长脖子两大品系。马芽子分为大马芽子、二马芽子。长脖子分为圆膀圆芦品种、长脖子，此外还有引进品种西洋参。

园参主要加工成红参、糖参、白参。桓仁园参年种植面积可达33211 帘，总产量36243 千克。

园参的药理作用与山参大体相同，但比山参要差一些。

人参的药用价值：它是热药，适于冬季进补。性温而补，入脾胃二经，益气生津，以补益主。有以下功能和营养价值：安神补益，大补元气，健脾开胃，补肾生津，为机体的综合调节剂。适用于神经衰弱、心脏衰竭、津液不足、消化不良、神倦乏力、失眠健忘、虚脱多汗、惊悸虚喘、畏寒怕冷、体肌劳损等症。具有调节血压、降低胆固醇、增强性机能和记忆力、滋阳补能、抗衰老的作用。

鹿

  桓仁满族自治县地处辽宁东部山区，地处长白山余脉。林业资源丰富，生态环境佳，为畜牧养殖业提供了饲料来源，人工饲养梅花鹿、马鹿具有多年历史，全县拥有多家较大规模的人工养鹿厂。

  鹿的全身都是宝，现在我就给大家介绍一下。

一、鹿茸

  鹿茸为鹿科动物梅花鹿或马鹿尚未骨化的幼角。雄鹿出生两年后，始在头上长出嫩角，角上带有茸毛，故称鹿茸，是一种名贵的中药。其性温味甘咸，含有丰富的蛋白质、维生素、荷尔蒙、磷、钙、镁等营养物质，为高级补品。具有以下功效：

  （1）抗衰老作用。

  （2）促进核酸和蛋白质合成作用。

  （3）强化生理机能作用（抗疲劳、抗应激、增强肾腺功能、促进创伤及骨折的愈合等）。

  （4）对心脏系统起抑制作用，可使血压降低，心脏收缩振幅变小，心律减慢。

  （5）对性机能障碍及壮老年期的前列腺萎缩症的治疗均有效。

二、鹿鞭

  鹿鞭，又名鹿肾、鹿冲。为雄性梅花鹿或马鹿的外生殖器。宰鹿后，割取阴茎及睾丸，除净残肉及油脂，固定于木板上风干而成。味甘、咸，性温。补肾、壮阳、益精。治劳损、腰膝酸痛、肾虚、耳聋、耳鸣、阳痿、宫冷不孕等。

三、鹿尾

将鹿尾由尾椎骨处割下，阴干。质坚硬，气微腥。暖腰膝、补肾益精。用于腰膝酸痛不能屈伸、肾虚遗精及头昏耳鸣等。

四、鹿筋

鹿筋为鹿科动物梅花鹿或马鹿四肢的筋。质坚韧，气微腥。含有脯氨酸、甘氨酸等多种氨基酸以及钠、铁、锰、锌等多种无机元素。用于壮筋骨、治劳损、缓解风湿关节疼痛、转筋等。

五、鹿血

鹿血为鹿科动物梅花鹿和马鹿的血液，视为中药之上品。自古以来就是宫廷皇族、达官显贵治病健身的珍品。用于调血脉、补虚、活血、虚劳腰痛、心悸、失眠、肺痿吐血、崩漏带下等。

六、鹿心

鹿心为梅花鹿或鹿的心脏，具有益气养血、镇静安神的作用。用于类风湿性心脏病、心跳过速、失眠多梦、子宫寒冷、遗精、腰膝无力等。对于冠心病、心绞痛、风湿性心脏病等均有明显疗效。

七、鹿肉

鹿肉是高级野味，含有较丰富的蛋白质、脂肪、无机盐、糖和一定量的维生素，易于被人体消化吸收。用于补五脏、调血脉、虚劳羸瘦、产后无乳等。

八、鹿胎

鹿胎为干燥的鹿流产的胎仔或从母鹿腹中取出的成形鹿胎及胎盘。用于益肾壮阳、补虚生精、虚损劳疾、精血不足、妊娠虚寒、崩漏带下等。

九、鹿肾

鹿肾可益补壮阳、延年益寿，对肾炎有特效。

十、鹿胎膏

鹿胎膏是以鹿胎为原料，辅以人参、当归等 20 多种珍贵药材及 20 多道工序精心加工而成的。具有较强的补气养血、调经散寒的功效。用于补肝肾、活血补精、精亏羸瘦、妇科病等。

冰葡萄酒

辽宁五女山米兰酒业有限公司成立于2001年，是由辽宁省能源投资（集团）有限责任公司、辽宁省五女山绿色食品开发有限公司、加拿大太平洋米兰酒业有限公司三方投资共同兴建的中外合资企业，是全国第一家引进威戴尔冰葡萄种苗、第一家建立威戴尔冰葡萄原料基地、第一家生产威戴尔冰葡萄酒、第一家推出窖藏年份冰酒、第一家研究开发冰葡萄酒的专业公司。主要生产冰葡萄酒，并辅以野生原汁葡萄酒和白酒等六大系列43个品种。目前该公司拥有葡萄基地10000亩，其中冰葡萄5000亩，山葡萄5000亩，年生产加工能力10000吨。

冰葡萄酒是世界上公认的葡萄酒中的极品，主产于加拿大安大略湖周围的酿酒农庄。它是以纯种的威戴尔葡萄成熟后仍挂在葡萄藤上，直到冰雪骤至，气温降为零下8℃~12℃，葡萄粒冻成硬的冰珠，果农冒着严寒进行采收，破冰榨汁，再历以8个月精心酿造而成。富集了葡萄的高品质营养成分，冰葡萄酒具有优雅浓郁的芳香和醇柔爽净的口味，由于冰葡萄酒的糖分全部来源于葡萄本身，所以冰葡萄酒又具有蜜汁一样甜美的口感。

红冰葡萄酒是世界酿酒师——亚伯特·米兰先生在五女山公司利用本地山葡萄开发的又一冰葡萄酒系列品种。红冰葡萄酒不仅具有白冰葡萄酒的风味，更具有山葡萄含有的各种特殊成分所富集的极强的食疗保健作用。

冰葡萄酒极具收藏价值，一般50年内口味不会改变，贮存越久质量越佳。

葡萄酒是一种特殊的商品，一般难以从外观加以区分，需要细细品尝。

品酒时，首先要调整酒的温度。品冰葡萄酒温度应在10℃～13℃。如温度过高，需在冰箱内冷却至上述温度范围内再进行品尝，酒杯如果温度很高也应先以冰块晃之冷却后再注酒。一般用郁金香型高脚无色透明玻璃杯，注酒时一般注入杯的1/4～1/3。迎着光线看，酒杯应晶莹透明，白冰葡萄酒是金黄色，红冰葡萄酒是宝石红色。

然后是闻香。酒的香气能令行家分辨出种类及质量，优质的冰葡萄酒应具有果香、酒香和诱人的蜜香。轻轻摇晃酒杯后，仔细观察，如果发现液体如油脂一样有沿杯下滑的痕迹，则说明酒质醇厚，浓稠丰满。

最后是品尝。轻啜一口，将酒含于口中靠舌尖、舌两端、舌根去体会，才能尝到葡萄酒真正滋味。冰葡萄酒的香味、酸味、协调性、结构感便在其中了。

冰葡萄酒是葡萄酒中的珍品，不能像喝啤酒那样豪饮或连干几杯，要科学、文明、健康、高雅地品评。长期饮用具有美容养颜、软化血管、保健身体之功效。

五女山野生原汁葡萄酒，低度、微糖、浓郁醇厚、营养丰富，含有人体必需的18种氨基酸、多种矿物质、微量元素、维生素成分。专家认定，常饮此酒，可益气调中、耐肌强身、温中驱寒、健脾开胃、通血脉、厚胃肠、调节人体机能、防止癌变、内分泌紊乱、预防血管硬化，对高血脂、高血压及脑血管疾病助疗效果甚佳。

参考文献

［1］谢春山、范秋梅：《辽宁导游词选编》，中国旅游出版社2014 年版。

［2］《本溪满族自治县导游词》。

［3］《桓仁满族自治县导游词》。

［4］《本溪市民道德手册》。